やめない介護職員の育て方とスキルの伸ばし方

Q&Aで学ぶ

悩みがわかれば解決策が見えてくる！

著 伊藤亜記
株式会社ねこの手代表取締役

MCメディカ出版

はじめに

雨のあとの虹のように
悩みを晴らすヒントがここに

　私は21歳のころ、富山県に住む祖父母の遠距離介護で約3年間、仕事との両立や介護離職、看取りまでを経験しました。その時代は介護保険どころか、インターネットも普及しておらず、情報を得る手段として頼れるのは「タウンページ」のみでした。

　介護をしながら自分の将来にも不安を感じ、孤独に陥りながら、ただただ祖母の入院する病院と祖父の家を往復する生活を送っていました。そんな日々を頑張れたのは、祖母が出会った生活と関わる専門職の皆さんの声がけがあったからです。寝たきりで認知症症状もあった祖母が、次第に自宅に帰る意欲を出し、リハビリに取り組み、杖歩行での一時帰宅が許されたときは、どんなにうれしかったことでしょう。

　祖父母が導いてくれたおかげで、その後、私は介護を天職として、20年以上この世界で仕事をしてきました。時には利用者やケアマネジャーからお叱りの言葉をいただいたり、上司や部下とうまくコミュニケーションが取れずに悩んだこともありました。そんな思い出も、今では学びの日々だったと思えるようになりました。

　介護の仕事は人を元気にして、自分も成長できるすばらしい仕事です。世の中にはICTやAIが急速に浸透していますが、どんなに時

代が変わっても、介護には、声がけなどの「人との関わり」や「人の温もり」「人を思う気持ち」が必要で、これらは機械でとってかわることはできません。

　本書は、私が仕事で出会った多くの人の悩みや受けた相談を、人間関係やコミュニケーションを軸にしてまとめたものです。管理者だけでなく、介護職員の悩みも数多く収載し、互いに「こんなことを考えていたのか」と相手の立場になって読むこともできます。パワハラやクレームについても、また今後避けては通れない外国人介護職員についても解説しています。

　ハワイのことわざに"No rain, no rainbows."（雨が降らなければ虹は出ない）という言葉があります。「つらいことや悲しいことがあっても、それを乗り越えたらいいことがある」という意味ですが、皆様にとっても今の状況を人生の通過点として、今後の人生が"No rain, no rainbows."のとおり、素晴らしい人生になることを願ってやみません。そのために、この本が少しでもお役に立てたら幸いです。

株式会社ねこの手 代表取締役・介護福祉士
伊藤 亜記

Q&Aで学ぶ
やめない介護職員の育て方と
スキルの伸ばし方

目次

はじめに ……………………………………………………………………… 2

第1章 履歴書と面接で見抜け こんな人が長続きする …………… 7
1　面接時の受け答えで人となりがわかる ……………………… 8
2　人手が足りない！　でも採用に迷ったら …………………… 15

第2章 どんなタイプも必ず伸びる！ 現場で伸ばす仕事力 ……… 21
1　管理者自身の迷いや不安を解決する ………………………… 22
2　職員の自信のなさを改善し向上心を育てる ………………… 29
3　できない職員をOJTでやる気にさせる ……………………… 33
4　一癖ある職員のスキルはこう伸ばす ………………………… 41

第3章 よい管理者は「ほめて」育てる ………………………………… 47
1　上手にほめるテクニックを学ぼう …………………………… 48
2　相手に合わせてほめて伸ばす ………………………………… 51

第4章 人間関係のもめごとは こうすればうまくいく……55
1 職場のもやもやする人間関係をすっきり……56
2 もめずに穏便によい方向へ導くには……63

第5章 コミュニケーション力と 問題解決能力を伸ばそう……69
1 コミュ力を強化すればうまくいく……70
2 伝えたいのに伝わらないこの思い……75
3 若手職員のあの言動、許せる？ 許せない?……81
4 ストレス・パワハラ・モラハラ・クレーム……85

第6章 人が集まり、やめない 事業所にするには……95
1 人材確保や集客に悩む管理職のために……96
2 魅力ある事業所に変えていくには……107
3 外国人介護職員の受け入れについて……118

第1章

履歴書と面接で見抜け
こんな人が長続きする

1 面接時の受け答えで人となりがわかる
2 人手が足りない！ でも採用に迷ったら

面接時の受け答えで人となりがわかる

人事管理を任されました。面接時には何を重視すればいいでしょうか。

　面接日には、履歴書や職務経歴書を基に過去の離職理由を口頭で説明してもらうことが重要ですが、それ以外にも以下のような点を重視しましょう。

1. 多くの施設・事業所から、なぜ当施設・事業所を選んだのか。
　➡ HP等で事前に情報収集し、法人コンセプトを理解した上で応募しているか。
2. 過去の仕事の経験で、辛い時にはどう乗り越えたか（アルバイト含む）。
　➡ 辛い時に自分の実力だけでなく、周りの支えもあったことへの感謝の確認。
3. 採用が決まった場合、どのようなことを目指したいのか。
　➡ 前向きに学ぶ姿勢とビジョンの確認。
4. 当施設・事業所で働くことは家族の理解を得られているか。
　➡ 仕事の内容、勤務時間などに対する理解と、家事や子育てとの両立・協力をどう得られるのかの確認。
5. 自己覚知（長所・短所）の理解はしているか。
　➡ 長所・短所をどう理解し、短所を克服するための改善努力をしているか確認。
6. 健康面の確認。
　➡ 心身の既往歴、現在の治療や通院状況、仕事への影響等の確認。

重要なポイントはメモしながら面接をすることも、採用後に「言

った」「言わない」のトラブルが起きないためには必要です。

採用時、履歴書からは資格の有無と経験年数しかわかりません。
介護スキルやコミュニケーション能力を知るには、
どんな質問をすればいいでしょうか。

面接時には履歴書以外にも、資格証のコピーと、職務経歴書を確認することが重要です。

その内容を踏まえて、下記の内容を確認し、質問をしましょう。

● 履歴書で見るポイント
・通勤可能な居住地か
・学歴や職務経歴が評価でき自事業と関係性があるか
・応募法人への思いが強いか
・転職回数から組織適応力に問題がないか
・希望給与などに隔たりがないか
・丁寧な字で書いているか

● 職務経歴書で見るポイント
・求める実務能力を満たしているか
・仕事に意欲を持っているか
・プレゼン能力があるか
・発揮できる強みを自覚しているか
・転職目的が納得できるか
・記載内容に信憑性があるか

郵送での採用応募書類に送付状や添え状があれば、採用担当者への気配りができる人という見方もできます。

最近の履歴書や職務経歴書は、パソコンで作成する人がほとんどになりましたが、手書きの場合は、パソコンスキルの確認もしましょう。経験がないなら、今後そのようなスキルも学んでもらう必要があることも話しておきましょう。

介護が初めての人に、過去の職歴について
ポイントを絞って質問する場合、
どんなことを聞けばその人の人となりがわかるでしょうか。

履歴書や職務経歴書で見るべきポイントはＱ２で説明しました。未経験者でも基本的には同じですが、面接の際には「介護業界のイメージの確認」をしながら、無資格な方なら「働きながら資格を取るメリット」や「行政の助成金を使えることの説明」、有資格者の場合には、「机上の学習と実習、現実のギャップ」についても丁寧に説明し、「思っていたのと違う」と早期離職につながらないような対策が必要です。

未経験者の面接で、介護の適正を見るために
聞いておくべき項目を教えてください。

最低限確認したいことは、以下の項目です。
・介護の仕事を選んだ理由
・早番・遅番・日勤・夜勤と出勤形態もさまざまで、家庭と仕事の両立は大丈夫か
・家族の理解、協力は得られるのか
・心身共に健康か
・介護の仕事を通し、将来何を望むのか

ほかに、無資格の場合には「資格を取る気持ちはあるのか」「資格はいつ取るのか」を確認し、「未経験でも早く即戦力になりたい前向きな姿勢」を面接時に感じられるかが採用の要になります。

せっかく採用してもやめていく職員が多く、人を見る目がないのかと自信を失ってしまいます。面接時に仕事に対する心構えや能力がわかる質問があれば教えてください。

面接時の質問例をテーマ別に一覧にしてみました。自社の事情と照らし合わせ、適宜選択して面接で活用してみてください。応募者のなかには面接慣れしている人もいますが、どんな質問にも笑顔で丁寧に答えられることや、どんなに自信があっても謙虚な姿勢を保てているかも、介護の仕事には重要です。

● 自己分析・自己評価を促す質問
1. 自分自身をどのような人物であると考えていますか？
2. 上司や同僚の方から見て、あなたはどのような人ですか？
3. 入社時と現在とでは、自分自身がどのように成長していると思いますか？
4. 弊社があなたの友人に対して、あなたの採用合否についてアドバイスを求めたら、どのように答えると思いますか？
5. あなたの最大の強みはなんですか？

6. あなたの強みを全て上げてください。
7. あなたの一番の弱点・欠点は何ですか？
8. 現職において、あなたの最大の成果（失敗）は何ですか？
9. 弊社があなたを雇う決め手はどのような点にあるとお考えですか？

●対人能力やチームでの働きかたを知るための質問

10. 業務上、上司と意見が合わなかった経験はありますか？
11. これまでの最高の上司と最低の上司はどのような方でしたか？
12. 上司には、どのような業務関与をして欲しいですか？
13. チームで業務に取り組んだ際のエピソードを教えてください。
14. 入社後、どのくらいの期間でフィットできると思いますか？
15. 個人とチーム、どちらで業務を進めるほうが得意ですか？

●マネージメントスキルを把握するための質問

16. 社内のチームワークを良くするにはどうしたらいいと思いますか？
17. 現職では、どのような責務を負っていますか？
18. 部下をどのような方針で育成してきましたか？
19. リーダーとなって業務を推進したエピソードを教えてください。
20. 前職の気に入っていた点、改善が必要な点はどのようなところでしたか？

●ストレス耐性や問題解決力をはかる質問

21. 現在（前職）の職場で抱えている課題を教えてください。
22. これまでに直面した難題について教えてください。また、どのように解決しましたか？
23. 業務負荷の高い仕事や責任の重責を果たしたとき、どのようなことを心がけましたか？
24. 業務中に「怒り」を感じた経験はありますか？ それはどのようなシーンで起こったことですか？
25. 上司から受けた印象的なフィードバックはどのような内容でしたか？

● 志望度や成長性をみるための質問

26. なぜ弊社で働きたいと思ったのか教えてください。
27. どのような視点で志望法人を選んでいますか？
28. 具体的に弊社のどういった点に興味がありますか？
29. 入社後、30日後、60日後、90日後にどのような働き方をイメージしているのか教えてください。
30. 5年後の目標を教えてください。
31. 転職先を見つけるためにどんな取り組みをしていますか？
32. 弊社ではどのような役割が求められていると思いますか？
33. 実績をもとに、どのような貢献ができると考えていますか？
34. 弊社はどのような企業だとお考えですか？ 印象を教えてください。
35. 今回の求人募集に、あなたが適任である理由を教えてください。
36. 配属予定の上司や同僚について質問はありますか？

● ワークライフバランスや価値観を知るための質問

37. どのような職場環境で働きたいですか？
38. 業務上、最も報われた（報われなかった）経験を教えてください。
39. 印象に残っている、特に力を発揮した業務はどのようなことでしたか？
40. 成功（理想の仕事）とはどのようなものですか？
41. 新しい職場や仕事で達成したいことはありますか？
42. キャリア（人生）上の目標を教えてください。
43. これまでとキャリアプランを変更する理由を教えてください。

● 内容をより深く理解するための質問

44. 具体的なエピソードはありますか？
45. どのような問題が発生しましたか？
46. どのように問題点を発見したのですか？
47. どのように対処しましたか？
48. どのような改善を実施しましたか？

49. どのようなことを学びましたか？
50. 上司や同僚からはどのようなフィードバックがありましたか？

Q6 履歴書の自己PR欄が空欄の人との面接で、職歴以外のことを知るためには、どんな質問をしたらいいでしょうか。

A 自己PRが記載されていないなら、「自己PR欄に記載がない理由」を確認した上で、次のような質問をしてみましょう。いずれもワークライフバランスや仕事に対する価値観を知るための質問です。

1. どのような職場環境で働きたいですか？
2. 業務上、最も報われた（報われなかった）経験を教えてください。
3. 印象に残っている、特に力を発揮した、業務はどのようなことでしたか？
4. 成功（理想の仕事）とはどのようなものですか？
5. 新しい職場や仕事で達成したいことはありますか？
6. キャリア（人生）での目標を教えてください。
7. これまでとキャリアプランを変更する理由を教えてください。

Q7 長く働いてもらうために、面接時に自社アピールをしたいのですが、堅苦しい理念等ではなく、どんな言葉なら応募者の心に響くでしょうか。

A 他事業所にはない特徴、現職員から高く評価されている独自の制度や福利厚生、利用者獲得のために行っていることなど、「法人のウリ」をポジティブに説明し、求職者の希望を確認してください。たとえば以下のような項目です。

・○○を取り入れた機能訓練で、利用者が○○できるようになった
・就学前のお子さんがいる職員も多く、保育園が近くにあり子育てしやすい環境
・OJT制度を用い、試用期間には同世代の指導担当が付くので、誰に聞くかが明確で不安がない

Q8 中途採用が多いため、採用時の応募書類と面接を重視しています。履歴書の内容以外で、ここは重要というポイントがあれば、ぜひ教えてください。

A 「職務経歴書」を必須としない法人も多いようですが、マネジメントには「職務経歴書」の内容が重要です。職務経歴書で見るポイントは、以下のようなものです。
・求める実務能力を満たしているか
・仕事に意欲を持っているか
・プレゼン能力があるか
・発揮できる強みを自覚しているか
・転職目的が納得できるか
・記載内容に信憑性があるか

Q9 管理者として職員と定期面談する際の注意点やポイントを教えてください。

A 管理者が必要に応じて行う面談を「教育的指導を行う場」と思っている人が多いですが、職員からの話を聞く場と考えたほうがより効果的です。面接の目的は納得してもらうことであり、納得の上でお互いの合意を得る努力をする場です。ポイントは以下の5点です。

1. 面談は「話し合い」の場であり「職員の話を聞く」場。管理者の価値観を話す場ではない。
2. 管理者が言いたいこと以上に、職員は伝えたい・聞いてほしいことがたくさんあると認識する。
3. 職員の話をきちんと聞くことで、相手が納得（説得）しやすい心理状況になることを理解しておく。
4. 職員の話は遮らず熱心に傾聴し、原則同意の相槌（「そうだね」）を打つなどして相手が話しやすくする。
5. 大事な重要な判断は、安易に妥協したりその場で結論を出さない。

2 人手が足りない！でも採用に迷ったら

Q1 元営業マンだったという50代の男性が応募してきました。電話での受け答えはよく、熱意も感じられましたが、介護未経験者を採用する際に、面接時に気をつけるべきことを教えてください。

A 未経験でも「学びたい！」という意欲があれば、年齢問わず受け入れ、働きながら資格取得してもらえれば問題ありません。中高年の場合、面接時には以下を確認しましょう。

1. 高齢者（障害者）の介護にかかわることをどう思うか（社会貢献などの曖昧な理由は×）。
2. 年下の上司から指示されることに嫌悪感はないか。
3. 健康面の不安はないか（心身の既往歴、現在の治療や通院状況、仕事への影響等）。

とくに最後の項目は、採用後に「体力的に厳しい…」と即退職にならないように、事前確認が必要です。

Q2 「通勤時間が長くつらい」「配置転換で時間帯が合わなくなった」などの理由で、3ヵ月〜2年程度で事業所を転々としている人の面接をしました。人手不足なので採用したいのですが、正直不安です。

A このような退職理由の人は次も同様に繰り返すので、採用しないほうが賢明です。上記の退職理由はいずれも面接時に確認すればわかることで、入職してからその理由で辞められては事業所が混乱します。

事情があるのなら、まず法人に相談すれば退職に至らなかったかもしれないケースもあるので、面接時には異動の有無、時間帯変更の有無なども最初からきちんと話をすることが大事です。

Q3 小さな子どもがいる女性は保育園からの呼び出しや発熱などで突然休むことがあるため、採用するにはリスクが大きいです。こういう人材を雇い入れる際に事業所がやるべきことを教えてください。

A 介護労働安定センターの調査でも「結婚・出産・妊娠・育児」が離職理由の上位にあがっていますが、面接時に「お子さんが病気の際に看てくれる親族はいるか」「お子さんが病気の際に病児保育をしている保育園を探しているか」を確認すればいいと思います。

介護業界は女性に支えられている業界です。子育て経験もある職員と触れあい、悩みを打ち明けられる環境は、「一人で悩まない子育て」という求職者への大きな売りとなるので、女性の働きやすい環境を作ってください。

Q4 採用後に実は腰痛があり、移乗やベッドメイクはできないと言われました。なぜ今頃と問いただしたら「面接時に聞かれませんでした」と。この場合、診断書の提出を求めることはできますか。

A 内定時に健康診断書の提出を求めていないと、後にこのようなトラブルが起こります。採用後も健康診断書の提出は「利用者への感染症の媒介にならない」ためにも求めることは可能です。

試用期間中の場合には、「業務に支障がある健康状態」であれば治療を優先させ、「治療を行った上での再応募」も可能です。入職者の不利益と思われないようにするには、面談ではあくまでも「持病があっても完治しなくとも、業務に支障がなければ問題ない」と伝えることが必要になります。

Q5 グループホームで家事スキルのあるスタッフを採用したいのですが、洗濯ひとつとっても、干し方、畳み方など家庭ごとにやり方が異なります。家事全般のマニュアルをつくったほうがいいのでしょうか。

A マニュアルがないと一元管理と指導が適切にできません。家事には、ある程度効率化された標準的な手順というものがあります。図書館の家政の棚で本を探し資料にする、インターネットの企業サイト（洗剤メーカー、生活家電を作っている家電メーカー等）でも丁

寧に解説しています。

たとえば洗濯なら、事前準備（素材や色による分類、洗濯表示のチェック、ポケット内の確認等）➡洗濯（洗剤や柔軟剤の適量、洗濯機の使い方等）➡干し方➡畳み方など、煩雑で、標準化するには慣れが必要です。そのためマニュアルもいつでも改定できるよう細かすぎず粗すぎず、どの職員にもできるやり方で統一しましょう。

グループホームでは、入所者の方が「そのやり方はおかしい」と指摘する場合もあるかもしれませんが、それも自立支援のための役割と考え、「ここでのやり方」として相談しながら統一したほうが新人スタッフも不安になりません。

Q6 デイサービスが慢性的な人手不足で困っています。

人員配置基準があるので配置人数は守られているはずです。その上でなおかつ「人手不足」なのは、オペレーションがうまくいっていないからです。

以下のようなことが原因の場合が多いので、あてはまる項目がある場合は、改善しましょう。

1. 勤務の不安定な職員がいる。
2. 看護師が介護業務をしない。
3. 職員が介助する人や作業を選ぶ。
4. レクリエーションのサポートをしない。
5. 仕事の優先順位をのみこめず、状況把握ができない。
6. 事務業務が適切に理解されておらず、雑で間違いや遅延が多い。

職員全員が特定の業務を拒否したり選んだりせず同じように関わることができれば、新規採用しなくても人手の余裕は必ず生まれるはずです。全職員が採用、面接、相談、苦情対応、給付、書類作成、送迎など同レベルでできたら、どれだけ業務効率が上がるでしょうか。スキルアップの努力や取り組みもせずに職員自らが人手不足の原因になっていることに気づかず「人手が足りない」と嘆いていることに気づいてください。

何故、介護職は離職率が高いのでしょうか。

介護職は3K（キツい・汚い・危険または給与安い）と誤解されることもあり離職率が高いですが、地域には多くの介護事業所があるように、就職率も高いのが特徴です。つまり入っては辞めるを繰り返しているのです。

慢性的に人手不足なので、常に募集し続け、即採用し現場入りする状況なので、新人も多く、新人が新人を教える環境にもなり、必然的に介護の質やサービスの質が下がるという負のスパイラルに陥っている状況です。介護業界は「人手不足」ではなく、「優れた人材不足」なのだと思います。

非常勤のヘルパーは離職率が高く、慢性的な人不足です。どうして簡単に辞めるのでしょう。

登録型の非常勤ヘルパーを多く抱えている事業所は、離職率が高いことをあらかじめ自覚し、人材確保に向けた管理体制を整える必要があります。

どんな人を採用するか、入口での見極めが離職率を下げる最初の重要な分岐点です。採用時に転職回数が多い人や就業期間が短く、転職を繰り返している人の定着率は高くないので、仕事の割り振りを考慮すべきです。また、辞めた理由と、その人が働く際に最優先に考えている条件も聞いておくと、仕事への熱意や姿勢も分かり参考となります。

採用時に「最低でもどのくらい稼ぎたいのか」と希望収入額をきちんとヒアリングすることもとても重要です。希望収入に見合わない仕事量のために、何も言わず割のいい他法人に移ったり、複数の事業所に登録して、仕事が多く内容も選べて収入が安定している事業所に重きを置くのは当然の流れです。

Q9 法人上層部のコネで入ってきた職員がいます。1週間様子を見ていますが、スキルもやる気もなく、困り果てています。本人はおとなしいタイプで、長年引きこもっていたそうです。

　本人と面談し「なぜ引きこもっていたのか」を確認することが大切です。引きこもるきっかけとしては、成績の低下や就労の失敗、失恋やいじめなど一種の挫折体験が見られることがあります。

　内閣府の調査を見ると、病気や仕事・学業でのつまずきがひきこもりのきっかけになったケースが多いので、挫折から成功体験に導くために、できること、得意なことを一緒に見つけてあげることが大切です。

　人は誰でも挫折する時期が必ずあります。むしろ挫折経験から「人の心の痛み」を知り得ているかもしれないので、良いところを知り、伸ばしてあげるような温かい個別指導を行いましょう。

Q10 介護職員が足りません。
採用活動をどのように行えばいいか分かりません。

　採用して育ててもすぐに辞めてしまうような事業所の採用活動は自転車操業の状態だと思います。

　採用活動は広告媒体やポスター、ハローワークなどを利用した従来の方法や、ホームページや人材紹介会社などのweb求人、就職フェアなどを中心に募集することになります。

　職員の知り合いを紹介してもらうお友だちキャンペーンや地域参加型の勉強会等を催し、そこでスカウトする場合もあります。

　新規採用も大切ですが、採用した人が退職しない活動にも力を入れる必要があります。魅力的な職場づくりは求人効果も上がります。職員間で魅力的な職場とは？　を是非話し合ってみてください。

第2章

どんなタイプも必ず伸びる！現場で伸ばす仕事力

1 管理者自身の迷いや不安を解決する
2 職員の自信のなさを改善し向上心を育てる
3 できない職員をOJTでやる気にさせる
4 一癖ある職員のスキルはこう伸ばす

管理者自身の迷いや不安を解決する

 毎日の業務に追われて、目標設定や事業所が向かう方向が分からなくなってしまっています。

 目標は「今月」「半年後」「3年後」の3つの時間軸で分けて定め管理します。次にアクションカレンダーを作りましょう。

今月：日々の活動はどんな活動がしたいのか➡半年後：半年間どんな活動がしたいのか➡3年後：どんな事業所になっていたいのか。3年を一本の線でつなげて考えてみることが大事です。

責任者（管理者）として何が大切か教えてください。

 行動するための座標軸としての原理原則は、正・不正、善悪の判断基準をもつことです。

公平・公正・誠実・誠意・愛情・正義・博愛・正直・素直・勇気などの「ベーシックな倫理観」を持って判断しましょう。

「ベーシックな倫理観」とは、真・善・美であらわされる魂の基準です。

一方、管理者としての具体的指針は、次の5つです。

1. 公私混同しない。特に人事は不公平になってはいけない。
2. 全ての責任を取る覚悟。
3. 自分の持っている能力や知識を提供する。
4. スタッフの幸せのために努力する。
5. スタッフから尊敬される存在になるために心を磨き高める。

Q3 勤務シフト表作成でのヘルパーの配置調整と、効率的な訪問ルートの調整でいつも苦労しています。

サービス提供責任者には「調整力」が求められます。それは単にシフト表上の人の移動ではなく、変更をお願いする「交渉力」、急な変更や不測の事態に対する「対応力」でもあります。

ヘルパーそれぞれの希望や休み、利用者の要望を考慮しながら職員（特に非常勤）の勤務可能日時の調整という社内的な交渉のほか、サービスの提供時間や曜日変更には利用者と担当ケアマネジャーとも事前に相談し、交渉が必要になります。

信頼関係が構築されている人間関係であれば、多少の無理や困った時のヘルプの交渉がしやすくなります。頼むばかりではなく、時には相手の無理にも対応することで、いざという時に力を発揮します。

ルート調整では急な体調不良や事故、突発的な変更に迅速に対応することが重要です。利用者宅とヘルパー自宅の位置を一つの地図上にマーキングして「見える化」し、何かあった際に一番早く駆けつけられる人を手配できる工夫をしておきましょう。

Q4 通常業務が忙しく、新しいことに手が回りません。

物理的に時間がなく取りかかれないのであれば、時間を創りだすために現在の業務の仕分け作業を行いましょう。

・業務をリストアップ
　➡重要度がいちばん低い業務は削除へ。
　➡リストの下から2つは改善へ。
　➡重要度と必要度が一番高い業務は継続へ。

社内の業務は極力スリム化し、利用者のための業務を中心に考える視点で考えてください。利用者のためのアクション量を増やすことは、スタッフのマンネリを防ぎ、ヤル気アップにもつながります。

Q5 職員数が多いせいか、なかなか「報連相」が徹底できません。

A 　情報共有する人数が多い場合や、集まれる時間が取れない環境下での報連相には、申し送りノートや連絡帳を活用しましょう。このノートが職員間での情報共有の中心となり、ノートの確認が習慣化し重要度が上がれば、非常に有効なコミュニケーションツールとして活用でき、確実な職員意識のレベルアップとなるはずです。

　読んだ人は必ず日付とチェックマークを入れられるようにし、効率よく確認できるように利用者に関することは赤色、スタッフ間の連絡事項は青色など内容によって色分けするといいでしょう。環境が許すならグループLINEも効率的です。

Q6 管理者としての自分のやり方がはたして本当に正しいのか、他の人のやり方と合っているのか不安になります。

A 　同じ目標に向かっていますか？目標が違うのにプロセスだけを比べても意味がありません。登山も小さな山を登るのとエベレストを登るのでは装備も技術も準備も違います。まずどの山（目標）を登るのか議論すべきです。そうすればそこに達成するためにはこれしかないという方法論にたどり着くはずです。

Q7 デイサービスの相談員としての役割はどのようなものでしょうか。

A 　生活相談員は、利用者の自立支援と支援する職員に利用者情報を伝達するパイプ役であり、施設内での潤滑油的な存在です。また、サービスの利用時や契約時に利用者本人から「どのような生活を送りたいか」「望んでいること」「やりたいこと」という具体的な生活目標をヒアリングする役目があります。

　利用開始時は目標が明確に設定されて支援していたはずなのに、

いつの間にかデイサービスに来て過ごすことが目標となり、生活目標は忘れ去られてしまいがちです。このような状況を避けるためにも、生活目標を表やグラフ、イラストなどで「見える化」して今がどの段階かわかるようにし、目標達成まで意欲を保つようサポートしていきましょう。

Q8 接遇・マナー研修は行っているのですが、まだまだ意識が低いと感じる職員がいます。

A 接遇・マナーは介護サービスの仕事の一部です。介護技術が高くても、利用者から心を開いてもらえず信頼されなければ評価は上がりません。

利用者や家族との信頼関係を築けるような接遇・マナーを身につけるには、言葉遣いや仕草、目線、笑顔や表情、声がけの言葉選びなどを実践で鍛え、身につけていきます。一方で、研修や勉強会での継続した意識改革を行うことも必要です。

たった一人の配慮のない職員の接遇・マナーが組織全体のイメージダウンにつながります。正しい接遇・マナーのスキルを身に付けレベルを上げることは、顧客満足のみならず自分の組織力向上にも大きなメリットがあるのです。

Q9 いつも同じ指示を繰り返してしまい、自分も周りの職員も成長を感じられません。

A 指示を出されることに慣れてしまうと、職員は自分で考え判断できなくなり責任感も持たなくなります。指示を出すことが責任者の仕事ではなく、なぜこの指示が必要なのか、その意味と重要性を正しく理解してもらい根拠あるケアを実施できるように導くことが役割です。

まずは、あなた自身が「信じて任せる」気持ちと、何かあった時は自分が責任を持って対応するという姿勢を見せることで、周囲から信頼され人は育つのです。

Q10 管理者の指示や説明が、抽象的な表現や省略が多く、難しい言葉もたくさん使うので正しく理解できません。

A 聞き手のレベルに合わせる配慮や気遣いが乏しく、自分が分かることは他人も分かると勘違いしているか、管理者自身が内容をよく理解できていないために曖昧で抽象的な表現になる場合もあります。このような場合は途中、分からないことや言葉はメモを取りながら最後まで聞き、説明が一通り終わってから「何点か質問があるのですが」「確認ですが、先程の言葉の意味は○○○○ということでしょうか？」「（抽象的な表現に対し）それはどのくらいの早さ（量・大きさ・時間・規模）で行えばいいでしょうか？」と具体的に確認させてもらいましょう。

断片的な指示の場合は、5W1H（誰が、いつ、どこで、何を、なぜ、どのように）の確認が重要です。相手の説明不足を責めず「こういうことでよろしいですか」とソフトに確認しましょう。

Q11 施設理念に従いその人らしく過ごしてもらうケアをする私と自分たち本位のケアを優先するスタッフとでケアへの考え方に歪みが生じています。

A ケアに慣れてくると、スタッフ間の人間関係とチームケアを円滑に保つことは難しくなってきます。そのような場合、チームで理念と運営方針の確認をし、利用者個々人の介護計画の再確認と共有を図りましょう。法人内での研修だけでなく、第3者的な視点や考えを持つ外部講師を招いての講習受講などで、新たな視点での認識を得ることも効果的です。

Q12 理念、理念とよく言われますが、現実の姿は理想とは違います。「理念」なんてきれいことではないでしょうか。

A 何をするにも目標を持ち、こうあるべきだという根本の考え（理念）を持ち、それを目指すのは大事なことです。提供するサービス

内容に大きな違いのない介護の場合、事業所ごとの理念こそが、その事業所の個性であり向かう方向性です。

あなたが管理職であるなら、理想に向かうためには信念とブレない力、スタッフを1つにまとめる力が必要です。

Q13 なるべく口を出さないようにと思い、現場職員に任せてしまうと、いつも苦情やトラブルが多くなってしまいます。

「任せる」ことと「放任」とは違います。「任せる」ためには、指示書やマニュアル、手順書などを過不足なく準備し、何かあった際のフォロー体制が整っていることが条件です。任せることは人材育成に必要なことですが、"苦情が多い"という現在の状況から、現場は正常に機能していないように思えます。苦情というシグナルが鳴っている以上、任せていた業務内容を見直し、指導し直すことで体制を立て直してください。

信頼して任せられる人材や組織を作り、育てることは一朝一夕に実現できるものではありません。時間をかけた一進一退の長期戦です。人や組織を育てることは自分を育てることにつながります。人としての自分磨きも怠ることなく、仲間と一緒に成長する気持ちで取り組んでください。

Q14 介護保険の法改正や変更点の正しい情報をどこで得て学べばいいのか分かりません。

原則、厚生労働省や行政から改正や変更点があれば、様々な形で広報されますが、情報は待って得るものではなく、自ら動いて得るものという認識を持ってください。基本的には厚生労働省のホームページの確認や行政窓口に問い合わせることで情報を得られます。

Q15 管理者の業務である事務作業やパソコン作業が苦手です。ケアや教育は好きなのでそちらを中心にしたいです。

A 管理者という責任ある役職を任されているのですから、事業所の運営に関しても正しく把握する必要があります。介護事業所でのパソコン業務は、多くはソフトを使うので、やり方さえ覚えれば高度な作業は求められないはずです。事務作業もルーチンワークが中心のはずで、計画や記録の作成は介護職も行う業務です。

契約や請求関係などの事務作業を負担に感じているかもしれませんが、逆にここを把握していないと管理者として不十分となります。職務としてやるべき義務と割り切って臨みましょう。事務は効率化と合理化の図れる業務です。無駄な作業に時間を取られて残業などにならないよう、業務の見直しと改善は日ごろから意識しましょう。

Q16 こちらからの指示に対し、職員がかたくなな態度で心をなかなか開いてくれません。

A かたくなな職員を変えるよりは、指導する側が変わったほうがいいかもしれません。相手が変わるのを待つより、自分が改善できるところは即変えて取り組んだほうが建設的です。

心を開いてもらうためには信頼関係が必要ですが、それには時間がかかります。はじめのうちは、お互いに上司部下の関係が顕著で距離は縮まりませんが、簡単に指導を諦めたり、指導する側が消極的だと、職員は成長しません。

指導する側がチームを組み連携し、1人ひとりの個性に合わせてプログラムを考え、丁寧に育てていけば、得るものはかなり大きいと思います。その熱意は取組みを通して指導される側にも伝わるはずです。

2 職員の自信のなさを改善し向上心を育てる

Q1 頑張ることに疲れました。

A 頑張ることに疲れるのは、頑張る意味が分からなくなるからです。人は頑張る意味が見いだせないことを継続することはできません。まず目標を明確に打ち出すことが必要です。自分の幸せが利用者の幸せであり、事業所の幸せにつながるのです。

Q2 気配りができず「言われたことしかしない、気が利かない」とよく言われてしまいます。

A 介護の仕事に関わるからには、利用者への配慮や気遣いと気づきは、最低限求められるスキルであり大切な役割です。知識や経験が乏しく自信がない人は、言われたことをこなすことに精一杯で、ほかのことに先回りして気を利かす、気を配る余裕がないのかもしれません。

このスキルを身につけるには、相手の立場、気持ちになって先回りして考えると、おのずと答えはでるものですが、気働きができて気づきの早いほかの職員の言動を観察してみるのも効果的です。
「気持ちよくリハビリを行ってもらうためにどのような声がけをしたらいいか」「介助の時は手順だけでなく利用者の表情にも注意して観察しよう」

など、自分でもほかの職員や利用者を意識し考えて働くことで気配り・目配り・心配りのポイントに気づくことができるはずです。

Q3 プライベートでは何でも言えるのに職場では自信がなくなり、言いたいことが言えません。

A　「これを言ったら否定されるのでは」「こんなことを言ったら生意気だと思われる」「皆と違う意見だったら怖い」など、発言することに自信が持てない理由は、それを裏づける知識や情報を持っていないことが一因かもしれません。

　自信を持って意見できる根拠となる情報を得る努力をすることがなによりの近道です。そして少しずつ自分の意見を言って「受け入れられた」と実感する成功体験を積み重ねていけば、自信もついていくはずです。

Q4 記録がうまく書けません。
いつも長すぎる、わかりにくいと言われます。

A　介護記録は難しい言葉を使うよりもポイントを分かりやすく伝えるほうが重要です。以下を意識して書いてみましょう。
・長い文章で書く必要はなく、ケアプランと介護計画に沿って要点を箇条書きでまとめる
・結論から先に書き、理由や説明はその後に書く
・5W1Hが分かるように時系列で書く
・「事実」と自分が「思ったこと」「感じたこと」をはっきり分け、実際に"起こったこと"を書く
・「最近」「たびたび」「夕方」「何度も」「たくさん」「たぶん」など曖昧な表現を多用する人は、意識して具体的に表現する

Q5 訪問介護はいつも一人なので、孤独で不安です。

A　訪問先では一人でも、職場には相談できる人がいるはずです。同じ業務に関わっていれば仕事の相談や悩みなど共通の話題もあると

思います。

　不安な気持ちは自信のなさからくるもので、自信は経験に比例すると思います。もしあなたが大勢で働く職場が理想ならば、通所介護や施設などへの異動や転職を考えるのも一つの方法ですが、どのサービスにもほかのスタッフとの協調性が必要で、意見が合わないと孤独を感じる時もあります。

Q6 介護職として技術も知識も合わせてスキルアップしたいです。

　知識のスキルアップは、セミナーや講習会、勉強会への参加や上級資格を目指すなど方法はいろいろとあります。外部のセミナーへの参加は自費という場合が多いようですが、事業所によっては法人内で定期的に勉強会をやっているところもあります。転職時の面接などで確認しましょう。

　技術力をつけるには経験が一番の早道です。もし勤務する事業所に介護職以外の専門職がいるなら、事例ごとに職種や立場の異なる人からアドバイスをもらうなどして勉強してみてはどうでしょうか。

　改正時期の前後には、改正に向けての対応や対策セミナー、勉強会なども各地で開催されます。管理者クラスは積極的に参加し、経営への影響を探り、新たな方向性をスタッフと一緒に考えることも学びの一つです。

Q7 利用者からほかの介護職の不満や文句を聞きました。どう対応すべきでしょうか。

　利用者の不満が、介護職などへの仕事やケアの仕方への「クレーム」なのか、個人的な感情での「不満」や「悪口」なのかをきちんと聞き分け、判断する必要があります。作業が雑、言葉遣いが失礼、ケアが乱暴などはクレームになります。愚痴のような内容であれば聞いてさしあげることで気持ちが多少落ち着く場合もあるので、受容して傾聴することも必要です。

どんな不満やクレームも、管理者に報告し改善に向けて共有と指導、注意をお願いすべきです。小さな不満やコミュニケーションミス、クレームは放置するとやがて取り返しのつかないことになる場合があるので、早めの対処が大切です。

在宅介護で家族から理不尽な要求や家政婦扱いの対応をされ断れません。

　まずサービス提供責任者に相談し、プランにないことはきちんと断らないと「この人は言えばなんでもやってくれる」と思われてしまいます。それでも要求が続く場合は、サービス提供責任者からケアマネジャーに報告し、サービス内容の見直しとケアプランの変更を行うのが正しいルールです。

　しかし、この要求にはなぜ応えられないのか、自費でもやれないことなのかをきちんと確認・説明する努力は、その都度自らも行うべきです。杓子定規に思われてしまうかもしれませんが、介護保険のサービス内容はケアプランに沿って予め決められているということを自覚してください。

利用者の前で、職場の管理者から大声で仕事の指導を長時間受けます。そのせいで仕事が押してサービス残業になることもあり困っています。

　基本的に利用者の前で大声での指導はしてはいけないことです。なぜなら利用者は「お客様」だからです。部下を育成指導しているようには思えません。単に自分のフラストレーションを指導という形で部下にぶつけているように思えます。その管理者に考え直してもらうためにも、職場の会議等の公の場を利用して、不満や困っていることを話し合う場を持ってもらい、パワハラなのか指導なのかをほかのスタッフにジャッジしてもらう必要もあります。

3 できない職員をOJTでやる気にさせる

Q1 介護記録に「特変なし」「異常なし」「特記事項なし」「普通に○○していました」「いつもと変わらずに過ごされていました」と書くことが多いのですが、この表現はよくないのでしょうか。

A 介護記録は変化の有無だけでなく、ケアプランや介護計画に沿ってどうサービスを提供し、その結果どうなったかというプロセスを書く必要があります。「特変なし」では利用者と密室でどのようなケアが行われたか示すものが全くないと言うことになります。たとえ時間は短くても、長い日数利用者と関わっていると、特に変わったことがない限り記録に書く必要を感じなくなってしまうようですが、記録は関わる関係者だけでなくほかのスタッフや行政など様々な人が目にする可能性があります。「特変なし」は何と比べて変わらないのか、どのような状態が利用者にとって変化がないのか、普段の生活を見ていない人にはよく分かりません。

利用者は1日1日を大切に生きているのですから、毎日、毎時間同じで変化がないということはないはずです。介護職としての観察能力と正しく伝える伝達力、および表現力を記録を通して試されていると思い、きちんとした記録を残す努力をしましょう。

Q2 自分で考えず、何でも「どうしたらいいですか？」と聞いてくる職員がいます。

A この職員は経験や知識、情報が乏しいのか、もしくは最初から考えることをせず、安易に「聞いたほうが早い」と思っているのか、どちらでしょう。

後者の場合は「あなたならどうする？」「きみはどうしたいの？」「どちらが正しいと思う？」と質問して、まず本人の考えや意見を聞くようにしましょう。

本当にその職員が初めてのケースで正しい対処法や判断が分からない場合は、「こうしたほうがいいかもしれないけど、一応調べてみて」「〇〇だと思うけど念のため問い合わせして、分かったら報告して」と答えを導くために関わりを持たせるように誘導してください。これを何度か繰り返すと「管理者に聞いても簡単に回答をもらえない」ことが理解され、まず自分で考え、調べてから質問しないといけないという習慣が身に付き認識されるはずです。

Q3 介護記録が毎回同じ内容の繰り返しで、改善されない職員がいます。

利用者の心身の状態を伝える介護記録は、毎日内容が違っていて当たり前です。大きな変化がないため、つい「変わりなく過ごされました」などといつも同じフレーズで手抜き報告をするのは業務怠慢です。その時の情報や状況が記録だけを見たほかの職員に伝わらず本当の利用者の様子が分かりません。短い訪問時間であっても、いつもと話し方や表情に変化がないか、部屋の様子はどうかなど、チェックするポイントはたくさんあるはずです。「変化が見られない」という所見は介護職としての観察力不足であると認識してもらいましょう。

Q4 頑張っている職員なのですが、いつも焦っているせいかそそっかしく、介助も大雑把で乱暴になりがちで困っています。

このような人は一生懸命な気持ちが先走り、自分では粗雑さに気づいていないことが多く、注意しても本人はピンとこない可能性があります。

しかし悪気はなくても、職員が慌てて忙しくしていると利用者には乱暴で雑に扱われている印象を与えてしまいます。忙しさを見せ

ないのがプロとしての第一歩なので、まずは落ち着いて仕事の手順と時間的余裕（いつまでに終わらせればいいのか）を持たせるようにしましょう。

指示を出すときは順序立てて伝え「急がなくても大丈夫ですからね」「無理のないようにね」「大変だったら手伝うからね」と安心させる一言をつけ加えましょう。

動作が乱暴で力任せで気配りが感じられない人には、利用者や周囲の人に自分の動きがどう見えているかを理解してもらうことも大切です。音を極力立てない動作や声を出さないで作業するなどの見本を実際にやって見せて「私と同じペースでゆっくり丁寧にやってみてね」とまねしてもらいましょう。「私も利用者から食事介助のペースが速いと注意されたことがある」「着替えの際、もう少し優しくしてよと言われたことがある」など、自分も注意された経験や失敗談を例にして、相手の欠点を遠回しに指摘する方法で問題に気づかせましょう。

Q5 教えた直後はできているのに、翌日や2度目にはまたできなくなってしまう職員の指導法を教えてください。

その場で言われたことはできるのに、時間が経ち一人になると教えられたポイントを忘れてしまうということは、手順ややり方を実はきちんと理解、習得できていない状態です。

このような職員には、手順を教える際に、理由と根拠の説明を時間をかけて行い、こんなことは既に知っているはずと思っても省略しないで具体的に説明したほうがベターです。理解力の低い職員や、すぐ忘れてしまう職員の育成も管理者の役目です。不安や疑問がなくなるよう指導しましょう。

そして説明後に「今、説明した手順と理由を言ってみてください」と復習を兼ねて言ってもらい理解度を確認しましょう。曖昧に理解し、分からないままの自己流での介助は効率も悪く、事故や苦情の原因にもなりかねません。何度でも確認し教え、時間をおいて理解度と実践をチェックしていきましょう。

Q6 理解していないのに「わかりました」と分かったふりをしてはあとで問題を起こす職員の対応は？

A 言われた内容を理解していなくても、上司から言われたことに対しては、あいづちのつもりで「はい」「わかりました」と反射的に反応する人がいます。当人から疑問も質問も出ないのであれば、「今の話は分かりましたか？」「正しく理解できていますか？」と念押しし、「はい」という返事に「理解しました」という意味があることを再確認させましょう。

Q7 職員が経営等に全く関心がなく、責任ある業務を避け、運営面にも消極的・他人事で困っています。

A 関心がないのではなく、職員が責任ある役割を与えられていなければ、命じられて動くこと以外選択肢はなく、言われることをこなすのが自分の役割だと認識しているはずです。

もし本気で職員の意識改善を考えるのであれば、判断の根拠となる情報を職員にきちんと与え、責任ある役割や判断を任せるべきです。この場合の情報とは、経営側が持ち得る経営情報や売上目標、利益などです。意思決定の理由やプロセスを深く理解し知ることでスタッフが経営に参加している意識を持ち、的確な判断ができるようになれば確実に経営に関心を持つはずです。

Q8 自分から仕事を覚えようとしない職員がいます。質問も一切せず、教えてもそれ以上の工夫はしません。

A 先輩のやり方を「見て覚えろ」では後輩は育ちません。やりがいや働きがいを見いだせなければ仕事をこなすだけでモチベーションも上がるわけがありません。何事もどう取り組むか、それは何故行う必要があるのかという動機づけが必要です。

仕事の指示の意味・理由・重要度は必ず伝えるようにしましょう。

人は経験で変わり、育ちます。新しい仕事を与え、理解しながらやれることを増やし責任を持たせて、意識改革を図りましょう。

Q9 嫌いな仕事は「自分は無理」とはっきり拒否し、仕事を選ぶ職員がいて、ほかの職員に示しがつきません。

A 仕事を選ぶ理由は「自信がない」「体力的に無理」「苦手な利用者がいる」「面倒くさい」「責任が重い」「時間がかかる」などが考えられます。「自分は無理です」「苦手です」と逃げる人の言い訳を真に受けずに、まずはやってもらってから周囲の複数の目で判断しましょう。実は年齢が高くベテランで仕事に慣れている職員のほうが仕事を選ぶ傾向があります。理由は、できることだけやって楽がしたい、面倒なことはしたくないからです。この場合は相手のプライドをくすぐる方法で「○○さん以外無理なんです」「利用者が○○さんだと喜ばれるんです」「○○さんが仕切ってくれるとスムーズなんです」と持ち上げて、やる気を引き出してみましょう。

Q10 気分のムラが大きい職員がおり、仕事のペースがその日によって極端に違います。計画どおりに仕事が進まず、周囲にも迷惑がかかっています。

自分の感情や気分をコントロールできず、そのまま仕事に影響してしまうのは女性が多い職場の特性です。

介護の仕事は、時間的な効率より利用者の満足度が重要です。効率的に終わらせなければならない仕事と丁寧に声がけしながら利用者のペースに合わせてする仕事をきちんと分ける必要があります。自分の調子によりペースがコントロールできない人は利用者の好む介助ペースを無視してしまうことも多いと思います。

「今日はいつもより時間がかかっていますが、疲れていますか？」「急ぐと事故につながるので利用者のペースに合わせてくださいね」「時間はあるのでもっとゆっくりで大丈夫ですよ」「少し効率上げていかないと時間内に終わりませんよ」と気にかけながら注意をし、適切なペースにコントロールして行きましょう。

Q11 ミスやトラブルを報告せず隠そうとする職員がいます。リスクヘッジのためにも正直に報告してほしいのですが、どのように注意すべきでしょうか。

A 自分のミスが発覚すると評価を下げてしまい、責任を負わされると思い込んでいるのかもしれません。しかし仕事のミスやトラブルは誰でも起こす可能性があります。マイナスの経験は、その後に生かし正しく対処できれば、自分だけでなく皆の今後の財産となるので、必ず報告してもらうよう促しましょう。その際、「報告してくれてありがとう。このようなミスは○○さんだけではないから大丈夫」「誠意を持って対処すれば利用者からの信頼が深まるはずですよ」と伝えましょう。

責任を負うことを心配しているようであれば、「すぐに報告してくれればこちらで対処するから心配しないで」と伝え、迅速に包み隠さず報告すれば、逆に安心できることを分かってもらいましょう。

問題は、起こしたミスが上司に報告するほどのものでないと勝手に判断している場合です。リスク対策は問題が小さなうちに初期対処すれば大事に至らないケースがほとんどです。どんな小さなことでも報告するよう促し、それが評価を下げることにはならないことを伝えましょう。

Q12 介護職としての法令遵守の認識が低い職員が多くいて困っています。

A 介護事業は"規制ビジネス"であり遵守すべき法令が多くあります。プロの介護職として仕事をする以上、職員全員が自覚を持って仕事をするための最低限の法律知識や情報は持つべきです。

特に「介護保険法」を理解せずに介護業務に従事することは、交通規則を知らずに車を運転するようなものです。

事業者としては「老人福祉法」や個人情報を扱うに当たっての「個人情報保護法」、送迎や訪問などで車を使用するなら「道路交通法」の理解も必要です。高齢者に対して尊厳あるサービスを提供す

るにあたっては「高齢者虐待防止法」や身体拘束廃止についても知っておくべきです。

　介護保険法には人員配置基準、運営基準、介護職としての行動規範、苦情対処方法などが条文に定められています。3年ごとに改正されるため、常に情報収集を怠らず、知識の更新が必要です。

　行政からの定期的な指導もある事業なので、勝手な自己判断やルール変更は許されません。介護保険を正しく理解し適切なサービスの実施と記録の義務を常に福祉専門職は課せられているという自覚が必要です。

　職員の意識が低いのであれば、定期的に勉強会を実施し、皆で声を出して法令の読み合わせを行って、正しい法律の内容を知る機会を設けることが大切です。

Q13 何度注意しても訪問時間にルーズなヘルパーへの指導方法が分かりません。

　介護の必要な高齢者に対してサービスを行っているので、時間に遅れることが利用者のリスクにつながる可能性があることを知らせましょう。ヘルパーが来るのを待ち、トイレに行くのを我慢している利用者もいるのです。また、決まった時間に対応することができなかったために、事故発見や体調の変化に気づくのが遅れ、命に関わる事態になることもあり得るのです。注意しても改善されない場合、利用者宅の前で抜き打ちでヘルパー到着を待つ、サービス開始時に事務所から利用者宅へ連絡を入れ到着を確認する、などの方法が効果的です。会議などの場合は、その人を待たずに時間厳守で開始し遅刻したことをハッキリと意識づけさせましょう。

Q14 職員が管理者に「報連相」をしなくて困ります。

　「報連相」は仕事の基本ですが徹底できないものです。その理由は「報連相」は部下から上司にするという固定概念が上司にあるから

です。上司が話の最後に「どんな小さなことでもいいので、ほかに何かありますか？」と一言聞くだけでも、部下が言いにくいことや、小さなことと勝手に判断していたことを引き出すことが可能になります。相談にしても「何故もっと早く言わなかった？」と言う前に「何故もっと早く聞いてあげられなかったか」と考えられるのではないでしょうか。上司が積極的に声がけすることで迅速な情報収集も可能になり、問題提起も早まるリスクヘッジにもなります。

4 一癖ある職員のスキルはこう伸ばす

 複数の他事業所での経験が長いベテラン職員が、今の施設のやり方に合わせてくれません。

　以前の職場の話を引き合いに出す場合は、もっと効率の上がる方法を今の職場に生かしたいと思っているのかもしれません。

　今の職場のやり方を受け入れないのであれば、「まずここでのやり方を1カ月実践していただき、改善すべき点など意見を聞かせてください」と期間を区切り、意見を聞く場をつくる姿勢をみせましょう。

　多くの職場で経験を積んできた人の意見は、一理ある場合もあります。改善できる点があれば柔軟に対応して職場改善に役立てましょう。

 仕事が早く手際がいい反面、楽をしたがり手を抜きがちの人はどう指導すればいいでしょうか。

　このような人は要領がよく、求められている仕事や作業の内容を理解し、どこまでなら手を抜いてもバレないか計算した上で手抜きをする確信犯なので、見逃しているとエスカレートしていく恐れがあります。管理者として「いつもあなたの行動はちゃんと見ていますよ」というアピールが効果的です。そのために、手抜きにより作業や仕事の詰めが甘く「完璧さ」に欠ける部分を見つけて指摘し、「細かい」「見られている」「サボれない」「ごまかせない」と思わせる必要があります。

第2章 どんなタイプも必ず伸びる！ 現場で伸ばす仕事力

Q3 自分からはあいさつもせず、指示に対しても無反応なのでちゃんと分かっているのか不安になる職員がいます。利用者からも「あの子は愛想が悪い」と言われています。

A 　利用者だけでなく、職員同士や出入りする業者さんへのあいさつも「仕事の1つ」であり、運営上の大切な潤滑油であることをミーティング等で共有しましょう。
　とくに職員間のあいさつは「職場のルール」として徹底させましょう。適切なあいさつが分からないなら、出勤の際は「おはようございます」、日常のあいさつは「お疲れさまです」、外部の方には「こんにちは」、出入りの業者には「お世話さまです」など、基本のあいさつを先に決めておきましょう。また、あいさつは自分から先にしたほうがよいこと、あいさつされたら必ず返すことを実行してもらいましょう。
　指示に対して返事をしない人は、「分かりました」と相手に伝える大切さを忘れているのでしょう。「今の説明で分かった？」「体調悪い？　大丈夫だったらもう一度今の指示言ってみて」「分かったら返事をしよう」と指導しましょう。もちろん「分からないことや、疑問があればいつでも聞いてね」とフォローするのも忘れずに。

Q4 ボランティア歴が長いためなかなかプロ意識が持てず、すぐ善意だけで余計なことをしてしまう職員がいます。

A 　人のお世話や、人のために貢献することが好きな人なのでしょう。しかし必要以上に世話を焼き過ぎ、結果的に利用者の自立を妨げる場合もあります。なかには「ありがとうと言われた」「喜ばれた」という自己満足の指標を、利用者満足と勘違いしている場合もあります。介護保険上の利用者満足とはなにかを、きちんと理解してもらうべきです。
　また、家族介護の経験をそのまま仕事に持ち込んだり、利用者を好き嫌いで選んだり、自分の好きな介助しかしないなど、介護への関わりが自分中心になる人もいます。この場合、えり好みをさせず

「まずはやってみてください」と一通りの仕事をまんべんなく経験してもらうようにしてください。

Q5 計画書を無視して勝手なサービスを提供し、指示を守らない職員の対処法が分かりません。

馴れ合いの感覚で「これくらいならいいわ」「長いつき合いだし」と介護計画書や手順書を無視してしまうのは年配で経験の長いベテラン職員にありがちです。一方、利用者から頼まれると断ることができず「ついでだし」と対応してしまうのは、新人や若手の介護職に多いようです。

介護保険の知識が不足し、介護職がどこまでやれるか、やってはいけない業務範囲が理解できないで、無責任に対応してしまうこともあるようです。

このような介護職には、「利用者からはどのような要望がありましたか？」「その時、本当はどうするのがいいと思いましたか？」と意見や言い分をきちんとヒアリングし、「利用者は喜んでも、ほかの人は同じことができるかな？」「毎回頼まれたらどうしますか？」と相手に考えてもらうように問いましょう。

利用者の要求を断ることが苦手な人には、ロールプレイングで上手な断り方の練習をしましょう。

うまい切り抜け方や断り文句を事前に準備しておけば笑顔を作る余裕もでき、相手に不快な印象は与えず断れるはずです。「私の一存では決められないことなので、責任者に相談させていただいてもよろしいですか」「これをやってしまうと私辞めないといけなくなるので、〇〇さんと会えなくなってしまいます」など自分の意志ではどうにもできないことを伝えることで相手の受け止め方は変わるはずです。

何よりも大切なのは組織での管理者のマネジメント力と信頼関係です。人は気にかけてもらい心配してもらえると、その相手には心を開き信頼関係が築かれ、その人からの言葉を受け入れようとするはずです。

Q6 注意や指摘をしても自分に都合よく解釈して響かず、改善に至らない職員がいて困ります。

　何でも自分に都合よく受け止め、周りの評価をあまり気にしない人なのでしょう。このような人には遠回しな言い方をせず、言うべきことははっきりと直球で伝えるのが効果的です。「厳しい言い方だけどごめんなさいね」「正直に言わせてもらうと」と気配りを示す言葉を加えるのを忘れないようにしましょう。

　相手の気持ちを察するのが苦手な人は「自分が平気なら相手も平気」と短絡的に考えがちなので、人により感じ方は様々であることに気づかせることが必要です。

　注意や指導を聞き流す傾向のある人は、「確認したいので今、注意されたことと何故注意されたかを、もう一度言ってみてください」「改善のためにあなたは何をすべきでしょうか？」とその場で問いかけ確認をしてください。そして同じことを「来週、再度できているか確認します」と釘をさし、改善を促しましょう。

Q7 職員が先回りのケアをしてしまい、利用者の自立支援につながりません。

　「自立支援」と頭で分かっていても、実際の現場では時間に追われて業務もこなしながらだと難しいのが現実です。多くの介護職は、仕事をこなすために効率を優先せざるを得ないし、仕方のないことと正当化していると思います。

　この場合、「自立支援」とはどういうものか、自分たちはどのような役目を担っているのかを改めて考える機会が必要です。利用者が喜ぶからと思い手を出していることが、利用者の自立を妨げることになっている恐れもあります。一方、良い介護＝たくさんお世話をすることと思い込んでいる介護職も少なくありません。介護は利用者の自立（自律）した生活の支援であり、介護する側の押しつけになってはいけません。利用者ができないことをサポートし、できる

ように支援していくことが私たちの仕事であり、役目だと理解してもらいましょう。

施設のルールややり方を無視し、自己流にアレンジしてしまう職員に手を焼いています。

　その職員は自分なりに考え「改善」しているつもりなのかもしれません。仕事に前向きでキャリアのある人に多くみられますが、利用者のためにという思いでしていることであれば、ルール厳守を強調しすぎてむやみに否定するのは逆効果です。いままでの経験から身についてしまっている自己流アレンジには、「このほうが早くできる」「この方法が利用者に喜ばれた」自信と実績もある場合が多いので、ルールを一方的に押しつけるより、経験を認めた上で「新人職員のお手本にしたいので、まずはここの基本のやり方を教えてあげてほしいんです」と相手の気持ちを受け入れやすく誘導することも大切です。

　職歴の浅い職員であれば、基本のルールを守ることで事故防止や業務の標準化・効率化につながることを説明し、チームケアにとってルールを守ることは大切だということを理解してもらうことが大切です。「人が変わるとやり方まで変わってしまうのでは利用者も混乱してしまうので、私達の基本のやり方は全員統一しましょう」と利用者目線での提案をすると受け入れやすく、歩み寄りやすくなると思います。

第3章

よい管理者は「ほめて」育てる

1 上手にほめるテクニックを学ぼう
2 相手に合わせてほめて伸ばす

1 上手にほめるテクニックを学ぼう

Q1 ほめて育てるとよく言いますが、やれて当たり前のこともほめる必要があるのでしょうか。

A やれて当たり前の業務でもその職員からしてみれば認められてうれしいことだと思います。人はそれぞれ能力も個性も違います。同じことをほめる必要はないのです。その人のモチベーションをいかに上げるか、いいところをいかに見つけるかがあなたの仕事です。

職員のなかにはほめづらい存在の人もいると思います。ミスが多くても働き続けているということはやる気や根性はある証拠なのかもしれません。そんな職員のモチベーションを上げ育成するのも管理者の仕事です。ほめるところがなければ、やる気や前向きさをほめましょう。

Q2 自分はただほめたつもりなのに、職員にはプレッシャーとなってしまっているようです。

A 相手がどのような状況なのかでほめ方は変える必要があります。勢いに乗っている時のほめ言葉は、背中を押し更に加速させますが、テンションが下がり悩んでいる時にはそれがプレッシャーになることもあります。日頃から相手の様子を観察し、今どんな状況にいるのか的確に把握する必要があります。打たれ弱い相手には「大変だと思うけど君なら大丈夫、きっとうまく行くはず」と困難な状況を理解し能力を認めるほめ方を、打たれ強い相手には「これくらい何だ、自分が今までやってきたことを信じろ」と叱咤激励しハッ

パをかけるほめ方をするなど、相手のタイプによってほめ方を使い分けることも大切です。

Q3 ほめるのが下手で、いつもほめるタイミングを逃してしまいます。

A 世の中カンのいい人ばかりではありません。たとえ評価していても言葉で伝えないとどう評価されているか伝わらず不安なものです。相手を評価しようと思うなら、まずは口に出して自分の思いを伝えるのが基本です。相手をほめるためにはその相手に興味を持ち意識を向けることが必要です。日常の勤務態度や何気ない笑顔や動作を観察し、ほめるポイントを見つけましょう。たとえば、ミスをした直後に励ますことも大事ですが、次に改善された時に「よくやったね。この間の経験が生かされているね」と前回のミスを今回の成功と一緒にほめた方が、「自分のことをよく見てくれている」と何倍も効果がある場合もあります。

Q4 職員をマメにほめるようにしていますが、最近はあまりうれしそうでなく効果が見られません。

A 会うたびにあいさつ代わりにほめ言葉を言われたり、取って付けたような言葉や大げさなほめ言葉を並べられても、喜びは感じられないものです。その人をほめるということは相手の能力や人格、立ち振る舞い、資質や人となりを評価し、観察するための時間がある程度必要になります。自分のことを知るはずもない人から大げさにほめられても、不信感を与え逆効果になります。

Q5 部下を育成するための良い叱り方・ほめ方とはどのようなものでしょうか。

A 「良い叱り方」とは、感情的にならず、何がどのように悪かったか、どうすればいいのか改善点を具体的に示すことです。

一方、「良いほめ方」とは、達成可能な小さな目標を与え、達成できたらすぐにその場でほめるようにすることです。小さな成功体験の積み重ねが、職員の意識とレベルを上げていくのです。

ほめるのが苦手であれば、最初は対面しない方法で、日報や情報交換ノート、メモやメールを活用して文字で表現して伝える工夫をしてみてはどうでしょうか。

人材育成や組織力向上においても「ほめること」や「叱ること」は重要なマネジメント能力だと思います。

職員をほめるタイミングを逸することが多く、ほかの人がほめている横で頷いていることが多くなってしまいます。

いい結果や評価を出して職員が笑顔でいるうちが絶好の「ほめるタイミング」です。後からどんなに大げさにほめても、このタイミングにほめるのと比べたら、心に響く効果は半減です。

直接ほめるのがどうしても不得手ということであれば、第三者を介してあなたが「○○さんのことをすごくほめていたよ」と相手に伝えてもらってはどうでしょうか。仲介した人を含め、結果として2人からほめられたことになり、喜びが倍増するかもしれません。

年上の職員が多く、管理者として指示を出したりほめたりするのが難しいです。

年上の部下に対しては、人生経験での先輩であるという事実を忘れずに、常に敬意を払って接することで、相手のプライドも傷つけずによい関係が保てるはずです。

「さすがですね、今後も助けてください」「やはり○○さんに聞いてよかった」など、相手を立てる姿勢で接していれば、知恵を出してくれる頼もしい戦力になるでしょう。

ただ、ミスや指示を無視するような行為には管理者として毅然とした指導が必要です。ただ、指導する際は、ほかの人のいないところで行うなど、相手への配慮は忘れずに行ってください。

2 相手に合わせて ほめて伸ばす

Q1 今の部署は女性職員が多く、これまで男性の部下が多かったので、どうほめたらいいのかわかりません。

A 女性と男性では感性も感覚も違います。一般に男性は、結果の具体的な数字や人との比較で能力の優劣をほめられると素直に喜びますが、女性は自身の出した結果や頑張りを直接ほめるほうがうれしく感じるようです。

女性職員をほめる場合は、「○○さん（あなた）のおかげでうまくいった。皆ほめているよ」などと"あなただから"という限定的なほめ方をすると、やる気を上げてくれる傾向にあります。

Q2 優秀なのですが、反抗的な職員の扱いにてこずっています。

A 相手のことが苦手、避けたいと思いながら接すると、その感情は相手にも伝わるものです。そうなると、どんな言葉も心に響かず、信頼関係も築けません。距離を縮めるためには、相手のいいところや興味のあることを理解する必要があります。

話しかける際は、意図的に2人きりになれる状況をつくり、できれば相手を「ほめて」みてください。1対1だとほめる側もほめられる側も周りに気兼ねがなくなるので、距離が縮まりやすくなります。お互い相手をどう思っているか知るいいチャンスになると思いますし、実は相手はあなたを誤解しているかもしれないので、自分から歩み寄ってください。

第3章　よい管理者は「ほめて」育てる

Q3 ちょっとした一言を気にしてすぐに落ち込む職員がいて、何を言うにも気を使います。

A 　自分に自信がなく、周りからどう見られているかをとても気にする人なのでしょう。このような人は、いつも「いい評価をされたい」という気負いが強く、何気ない一言に一喜一憂してしまいます。
　改善策は自信をつけさせること。小さなことでもこまめにほめたり励ましたりしてあげましょう。
　「さっきの介助すごく上手に手際よくできていましたね」「○○さんが配膳を手伝ってくれて早く終わり、すごく助かりました」など、具体的にどこがよかったのかをほめるのが効果的です。皆で見守りながら強い人材に育てていきましょう。

Q4 こちらからの指導や指示がうまく伝わりません。素直に聞いてもらう手法はあるでしょうか。

A 　指導や指示を出す際には、否定的な言い方はNGです。「こんなやり方をしているからうまくいかないのでは」「今回はよい結果を出せたからいいけど」などと否定から入ると、注意されたのかほめられたのか分からず、相手の心にまっすぐ伝わりません。
　「今回は良い結果が出せて頑張ったね。ただ、まだやり方は工夫が必要だからもっと考えないとね」と最初にほめ言葉があると、「ほめられた」ということを認識し、前向きな意識に変わり比較的素直な気持ちで指示を聞く気持ちになれると思います。

Q5 マイペースでどんな仕事を頼んでも人より時間がかかり、非効率な職員の指導法を教えてください。

A 　このような人は、自分流のやり方や完成度を自己満足の尺度で測る傾向があります。「手早くやる」ことよりも「きちんと丁寧にやる」ことに重きを置いている人には、「その姿勢は評価する」とまず

はほめ、しかし質の高さや正確性と同じくらいスピードも重要なのだと伝えましょう。

そして基本的な手順と完成形（完成度）を決め、職員全員が同じ手法で同じ時間内に完了できるように徹底しましょう。なかには締切意識の低い人もいるので、指示を出すときに「この作業は〇時までに終わらせて報告してください」と終了（完成）時間の目安を伝えるようにしましょう。

また、自分で時間配分や効率的な仕事の進め方を考えるきっかけを与えることも大切です。「片づけをあと５分早く終わらせるにはどうすればいいと思いますか？」など、仕事の手順を考える質問を積極的に投げかけて育成していきましょう。

第4章

人間関係のもめごとは こうすればうまくいく

1 職場のもやもやする人間関係をすっきり
2 もめずに穏便によい方向へ導くには

1 職場のもやもやする人間関係をすっきり

Q1 事業所内の人間関係がうまくいかずまとまりません。

介護職がやめる原因の多くは、人間関係だと言われています。ここでは、どんな業種・業態でも当てはまる人事管理に伝えられる10箇条を紹介します。どんなところに人は集まるのかをよくイメージしながら活用してください。

1. 人は人に集まる。
2. 人は夢のみられる所に集まる。
3. 人は快適な所に集まる。
4. 人は満足が得られる所に集まる。
5. 人はためになる所に集まる。
6. 人は感動を求めて集まる。
7. 人は心を求めて集まる。
8. 人は自分の存在感を認めてくれる所に集まる。
9. 人は噂になっている所に集まる。
10. 人は良いものがある所に集まる。

Q2 上司と飲みにいくなど、つき合いの良さや親しさ度合いで、仕事の評価や立場が決まるような職場に嫌気がさしています。

あきらかにひいきされている人を見るのは気分のいいものではないと思います。

上司にしてみれば、プライベートな時間を共有しお互いの話をす

ることにより心情的な距離は縮まり、慕われれば情も湧きます。

　もちろん、そのことでほかの人より優遇するのは私情が入っており、正しいことではありませんが、気心知れた部下に仕事を任せることは組織を滞りなく円滑に運営する手段であり、効率的でやりやすいマネジメントが可能だと判断するのは仕方ないとも思えます。悔しいと思うのであれば、仕事の一環だと割り切り、たまにはつき合って上司とコミュニケーションを取るのも大人のつきあい方であり、どんな場も学びのチャンスです。

Q3 やさしくていい管理者と評判の上司ですが、私にとっては優柔不断で何に対しても消極的なため、明確な指示がもらえず仕事が進みません。

　組織で働いている以上、上司の指示や意見は仰がねば、「相談も報告もなく勝手に判断した」と非難されかねません。上司が何故、意思を明確にできないのか考える必要があります。あなたの上司は果たして「答えを出さない」のか「答えを出せない」のか、どちらでしょう。

　意思を持って「答えを出さない」のであれば、責任回避や面倒を嫌う事なかれ主義かもしれません。「○○（上司）さんの指示で、○○するということで皆に伝えて進めますが、それでよろしいでしょうか？」と複数の職員がいる場でしっかり日時を入れメモを取りながら上司に確認しましょう。

「答えを出せない」タイプの上司は経験不足などの理由で自信がなく、自分の意志で判断することができないのでしょう。

　能力が未熟な人を上司として敬うことに抵抗があるかもしれませんが、組織の中で自分が置かれている立場を受け入れなければなりません。

　このような上司には何パターンかの方法を提示して選択してもらう方法がベストでしょう。指示を仰ぐことで上司の立場も守り、業務も滞らずに進めます。機能していない上司にイラつく気持ちも理解できますが、業務をスムーズに進めることを優先して組織としてチームとして機能することを意識しましょう。

Q4 職場で孤立しています。あいさつと業務上の会話だけで1日が終わることもあり、同僚たちが楽しそうに雑談しているのを見るとうらやましい気持ちになります。

　職場の仲間とのコミュニケーションは大切ですが、あくまで業務を円滑に運営するための1つであることを理解してください。介護の職場で一番大切なのは、利用者にとってより良い介護サービスを安全に提供できることです。あなたが孤立していることでサービスの質を下げることになっているなら、積極的に同僚とコミュニケーションを取るようにしましょう。

　しかし、楽しそうに雑談しているように見えても、実際はお互い嫌われないように気を使っているのかもしれません。そう考えるとあなたの望んでいる関係は本当に必要なものなのか、うらやましい関係と言えるか疑問です。職場で同僚との会話がないから孤立しているという悩みは、仕事を行う上で大きな障害や問題になる場合もあるので、話しやすい仲間を作り孤立から卒業しましょう。

Q5 若い後輩の仕事に対する姿勢が不満です。注意すると不満顔をされ逆キレされることもあるので困っています。

　年齢や世代の問題ではなく、コミュニケーションが取れていない相手の注意や意見は響かないものです。きっと後輩は、なぜ注意されるのかわからないのかもしれません。

　考え方が違うからと、合わない部分を変えようとしても無理です。後輩の考え方や気持ちを知り理解したいのなら、まずは仕事以外の趣味についてを聞くなど、歩み寄ってみてはどうでしょう。

Q6 自分ばかり仕事を頼まれる気がします。こちらも決して余裕などないのに不公平だと感じます。

　仕事はできる人に集まってくるものです。あなたは責任感も強く、頼まれた仕事をきちんとこなす方なのでしょう。

とはいえ、ほかの人より多忙になり不公平感を募らせストレスに感じてしまっているあなたには不満にしか感じられないと思います。もしかすると頼まれた仕事を断れないのでは？　そして頼まれることで周囲から「できる人」「頼れる人」と思われることで、自分のプライドが満たされる部分もあるのではないでしょうか。

小さな自己満足のために不満やストレスを貯め、悩みやネガティブになってしまっていることを自分自身が自覚できれば、断る勇気が湧いてくるはずです。自己犠牲をしてまで引き受ける仕事量なのか、その仕事は自分以外に任せることは難しいのか、頼んできた相手に相談してみましょう。

あなたにしかできない仕事であれば無理のない納期を相談し、今後のことも考えてほかの職員も同じ仕事ができるように分担したり、引き継ぐことも大切です。

Q7 人の悪口やかげ口、噂話が好きな職員が職場のモラルを低下させています。

対処法としては、「あなたはそう思うのね」「そういうところが気になるのね」と相手の考えを引き出した上で、「何が問題だと思う？」と本人に問いかけながら、かげ口や噂話がなぜいけないのか理由を言うことです。

「それを続けると〇〇になる可能性があります」「職員間の輪が乱れミスや事故につながる」などと建設的な内容に持っていけるのが望ましいです。

加えて、悪口を言われている職員や利用者の誤解や勘違いがあれば、情報を収集し、修正しつつ、「あの人のいいところも見てあげて」と導いてください。

悪口を言われている職員とも面談をして、その事実と原因になるような言動が具体的にあれば、それを解消するように動きましょう。この循環を繰り返し、早期対処を意識することで、職場のイジメ防止と雰囲気向上につながり、組織連携力を強固にすることができます。

第4章　人間関係のもめごとはこうすればうまくいく

Q8 仕事に対してとても熱心で前向きだった職員が、最近沈みがちでやる気もなくしているようです。

A このような状況でのメンタルケアは非常に難しく、むやみに「頑張れ」などの励ましも、沈んでいる本人の心には届かないものです。本人ももがけばもがくほど深みにはまり、自分でもどうするのがいいのか分からなくなる悪循環に陥ってしまいます。

アプローチの仕方としては、
1. 落ち込みへの変調の始点と原因を把握する。
2. 「休む」「心を落ち着かせる」環境を提案する。心配していると本人に悟られないよう、「皆、順番に休みを取ろうよ」「午後は比較的余裕あるから半日休も大丈夫よ」など軽い口調で言い、「病んでいると思われている」と感じさせないようにする。
3. 職場環境の向上（5S・休暇取得・手当など）、コミュニケーションの活性化（定期的なミーティングや茶話会、飲み会など）、研修企画や業務の効率化を図り職員の業務への負担感の解消に努める。

プライベートなことが原因の場合は無理に立ち入らず、「何かあったらいつでも声かけてね」と心配していることを伝えておきましょう。また、組織内で気軽に相談できる体制や人材、役割の構築を図りましょう。

Q9 口下手でうまく利用者と話せません。あいさつのあとの無言の時間が耐えられません。

A 口下手な人は話を膨らますことが苦手なのだと思います。毎日ニュースを見て、その日の話題の情報収集をしたら、「今日は〇〇がニュースになっていましたよ」「今日は〇〇なんですって」と得た情報で話題を振ってみてください。ポイントは、①二言以上で返す、②相手の話には相槌を打ち、できれば質問で返す、③相手の意見は否定しない、④驚く、笑うなどのリアクションをする、の4点

です。共感作用で利用者との心の距離を縮めてください。

Q10 管理者として職員への気遣いの言葉がけがうまくできず悩んでいます。

A 管理者は職員の"観察"も大切な業務です。人をしっかり観察していれば、業務内容は同じでも、やり方や結果が毎日同じでないことがわかります。その「変化」を声がけするきっかけにしてみてください。表情や気分、立ち居振る舞いなど、変化を感じたところをさりげなく「今日は何か○○の感じが違うね」と。それも難しいのであれば「いつもご苦労さま」だけでも悪い気分になる人はいないはずです。まずは、何を話すかではなく"声をかける"ことが大事なのです。

Q11 集客して売り上げを上げないといけないのに、営業先での関係性づくりがうまくいきません。

A 営業に行っても、肝心のアピールポイントを伝えずにただ何度も表敬訪問していませんか。営業活動は「営業先選別」「計画」「事前準備」「告知活動」「直後フォロー」「継続フォロー」などに分け、それぞれ課題を明確にしていくことが大切です。自分たちとつき合うとこんなメリットがある、などのアピールも必要です。

相手に何を伝えるのが一番重要か、何を伝えたいのかを明確にし、「○○なお客様を紹介してください」と具体的に伝えましょう。

Q12 つい自分で何でもやって抱えてしまい、ほかのスタッフに仕事を任せられません。

任せられないのは、自分でやってしまったほうが早いし確実、もしくは頼みにくいからでしょう。また、余計な仕事を頼まれたら嫌がるはずと、スタッフを勝手に過小評価していることもあります。自分がはじめて仕事を任された時のことを思い出してください。緊

張も責任も感じたはずですが、嬉しかったはずです。人を育てるのはマネジメントの重要な仕事であり義務です。そして育成には時間と我慢が必要です。人を育てる＝自分の戦力になると前向きに考えてください。

Q13 スタッフ同士の仲がよくそれ自体はいいことなのですが、雑談が多くなりがちです。仕事に対する意識をもっと高めてもらうにはどうすればいいでしょうか。

A　スタッフの仕事への意識が高まるのはどんな時なのでしょう。人は仕事が楽しいと感じる時に、自分のなかで仕事の優先順位が上がり意識が高まります。仕事が楽しい時とは、仕事で達成感を味わった時と認めてもらった時です。

達成感を味わってもらうために必要なのは、スタッフに「課題（ハードル）」を出すことです。そして達成できた場合は、その結果と取り組みを認めてあげることです。大きな課題は必要ありません。乗り越えやすい小さな課題を次々と与えることのほうが効果的で、成功体験もより早く得られやすいです。

Q14 常時、突発的なシフトの穴埋めに追われています。介護職員の体調不良やパートの急な休みと調整がうまくいかず、結局自分の休みを削っていて辛いです。

A　シフトの調整は頭の痛い業務です。突発的な場合は、本来の予定すら変更を余儀なくされ業務がこなせなくなるという効率の悪さを招きます。中長期的な対策として、まずパートと面談し勤務可能な曜日と時間の再確認を行い、その際、困っている現状を伝えて協力を仰ぎ、休む場合には代わりを見つけてもらう、ほかの人の穴埋めに入ってもらうなどの了承を得ます。あなたが何にどのように困っているかを知ってもらい、どうすればこの問題は緩和できるのか、悩みを共有することが大切です。

2 もめずに穏便によい方向へ導くには

Q1 介護の業務以外の雑務が発生した時、手伝ってくれるのはいつも決まった職員で、協力的でない職員がいます。

A 自分はほかの人よりも忙しいから雑用は手の空いている人がすればいいと考えている人は、当番制にして役割を組み込んでしまい、雑用業務から敢えて外れないようにしましょう。

そして雑用や裏方の業務も大事な仕事の1つであることをきちんと分かってもらい、「雑用は全員の仕事」＝「あなたもやるべき仕事」であることを全員の前で伝え、認識してもらいましょう。

ほかの誰かが雑用を手伝っているのを見て見ぬ振りをする人には、「いつも○○さんが率先して手伝ってくれて助かります。でも本来は全員の仕事なので今後は当番制にしましょう」と提案してください。小さなことで皆が協力する姿勢を持てなければ、よいチームケアも実現できません。この意識改革と体制作りは、よい組織作りの基盤ともなります。

Q2 利用者からのクレームをトラブルに発展させないためには、どのような対応を心がけるべきでしょうか。

A 利用者が苦情の連絡をしてくる時は、気持ちが高ぶり興奮している場合が多いと思います。反論したり否定はせず、メモを取り傾聴してください。ひと通り話を聞いたところで「適切に対応するためにお話を整理させてください」と時系列で経緯を確認し、問題は何なのかを整理し、解決策を具体的に提案するようにしましょう。

Q3 会議などにいつも遅刻してくる職員がいます。時間厳守と注意をしていますが直りません。

　遅刻をする人や時間にルーズな人は、遅れることが"癖"になって習慣化してしまい、時間配分の逆算が苦手なのでしょう。ほかの人との集団行動では5分前行動を心がけるのが常識です。集合時間を常に5分前に設定して告知してみましょう。それでも遅刻する場合は、会議の主催側の役割を与えてみましょう。事前の周知活動や会議前のセッティング、司会や議事次第などの「遅刻できない役割」を与えれば、遅れてくる人がどれだけ迷惑かも身に染みるはずです。他人に迷惑をかけている自覚がないようであれば、「あなたの行動は皆に迷惑をかけている」「待たされた全員の時間を無駄にしている」とはっきり言葉で伝えるか、「全員揃わないと会議を始めない」という厳しいルールにして、どれだけほかの人に迷惑をかけているかを理解してもらいましょう。

Q4 急いでいるのに上司の指導の話が長くて困っています。

　上司は「その時の最新の知識や技術」を学んできた人であり、日々経験を積んできた人でもあります。そして世間に介護事故や事件が次々と起きていることも把握していると思います。
「急いでいるのに話が長い」とありましたが、その話を聞かないことで事故につながる可能性もあるのです。
　転倒リスクの高い利用者が立ち上がったり、歩き出そうとしている場合など、緊急性の高い時には長い話にはならないはずですし、上司はしっかり指導しなければならない時には、時間を割いてでも指導するでしょう。
　ひとつの業務をしている時でも視野を広く持って全体を把握することが大切であり、それがリスク軽減にもつながります。それを気づかせるのも、上司や先輩の仕事なのです。いろいろな人の意見を

聞き、自分なりの動きを考えて行動することは、自分にとっても利用者にとっても安心・安全のために必要です。

Q5 リーダーより発言力のあるベテラン介護職が、いつもリーダーの指示を聞き流しています。

A 毎日短時間でもいいのでミーティングを開き、組織を率いるリーダーとして考え方を職員に真摯に伝えましょう。聞き流して指示通りに動かない職員には厳重注意すべきで、何故指示通りにしないか面談を行い、問題点を明確にしましょう。リーダーの指示に納得いかないと言われる場合は、その都度「では、あなたはこの場合、どうすることがいいと思いますか？」と意見を仰ぎ、良い方法を皆で決めることで、納得して仕事をしてもらえると思います。

Q6 いつも看護師から見下されている気がします。介護職より看護師のほうが偉いのでしょうか。

A 見下されている気がするのは、自らの知識と技術に引け目があると自覚しているからではないでしょうか。チームで連携をとる場合、どの職種でも対等であり、責任の範囲と役割が違うことを理解し共にケアをしていく仲間です。介護職としての十分な知識と経験、学ぶ姿勢があれば、対等に意見交換ができる関係です。

Q7 仕事の手を抜き、いつも人に押しつけるスタッフがいます。チームケアなので誰かがフォローしてくれるという甘えがあるようです。

A 仕事の範囲と役割分担を再確認し、一人ひとりの責任を明確にし、できていない、やれていないことを全員に周知することが大切です。できていない時はその理由を話し合い、全員で改善策を考えます。人に押しつける行為も、話し合いの場で問題提起をして解決に向かわせるのが公明正大で誰もが納得できる解決策です。

Q8 同じ事業所のケアマネジャーと仲が悪く、うまく連携が取れません。ケアマネジャーの上から目線の態度が気になります。

ケアマネジャー業務は介護事業のなかでも、多岐に渡るサービスの知識を一番必要とされ、利用者ごとに異なるプランを提案していかなければならず、責務と時間的重圧は計りしれません。同時に事業所のなかでは孤独で、悩みを共有する相手も少ない職務です。

同じ業務をしている仲間や相談相手のいるほかの介護職に対し立場の違いからの差別感を感じているかもしれません。少しでも相手の業務内容と業務量を理解し、歩み寄る姿勢と声がけを、まずあなたからしてあげてください。

Q9 きちんと指示を出していてもミスをされ、しかもそれをうまく叱れません。

「きちんと指示を出している」というのはあなたの自己判断であり、相手に正しく理解され伝わっているかは分かりません。指示を出す場合、何のための行為なのか、その指示の意味や理由を必ず伝えるよう心がけてください。ミスを叱る場合でもただ感情に任せて叱るのではなく、①叱る前にほめる、②叱った後フォローする、の順番で行いましょう。瞬間湯沸かし器のように叱り、叱りっぱなしというのが一番良くありません。是非、この機会に「叱る」というコミュニケーション能力を正しく習得してください。

Q10 人の教育が苦手で、後輩の育成もほかのリーダーのようにうまく指導したり元気づけたりできません。

どんなに設備や教育プログラムがすぐれていても、教育に対し苦手意識や恐怖心があると、相手にも感覚的に伝わり、お互いの距離が広がるばかりです。新人や後輩を教育し自立させるためには、育てる側が後輩の自主性を尊重する姿勢を持ち、自立のチャンスを与

える勇気を持たねばなりません。

　まず、自分が人を育てることに喜びを感じ、成長が嬉しく思えるようにイメージすることが大切です。ゴールは「○○さんのようになりたい」と言われるような理想のリーダーになることです。

Q11 後輩職員にきちんと注意できません。傷つけないようにメールで後から言葉を選び個人的に伝えていますが、あまり効果がありません。

A　指導の基本はフェイス・トゥ・フェイスです。その場ですぐに何が悪かったか注意すれば、納得も理解度も上がり、指導効果がアップします。後から指摘されても、いつの出来事かわからなかったり、「何故あの時にすぐに言ってくれなかったのか」とあなたに不信感さえ持たれる場合があります。指導する側に思いと熱意があれば、面と向かっての指導が最も効果的な後輩育成法です。

Q12 誤字脱字が多く、ひらがなだらけで記録がまともに書けない職員がいます。訪問介護ヘルパーなので、利用者の家族に指摘されました。どのように指導していけばいいでしょうか。

A　「誤字脱字」は書いた後に読み返していない、「ひらがなだけ」は学力の問題です。

　記録は「わかりやすく丁寧」に書かくことが重要ですが、最も大事なのは「読み手に伝わる」ことです。書いた記録を読み返すこと、辞書で調べて漢字や意味を知ることなども指導しつつ、サービス提供後に書く記録のことを考えながら動き、記録時にはチェック項目の漏れがないか、大きな変化や要望を先に書き、見落としがないか、誤字脱字がないかを読み返すトレーニングが必要です。

　これから外国人介護職員が増えてくれば、日本語の読み書きの不得手な人に記録を書いてもらう機会もあると思います。

　毎回観察する項目はチェック式にする、量の大小を問うものは「たくさん」「少し」などの曖昧な表記ではなく、具体的な量がわかるようにするなど、文章力以外で正確に記録でき、誰にでも伝わるようなフォーマットづくりを工夫するのも事業所の務めです。

第5章

コミュニケーション力と問題解決能力を伸ばそう

1 コミュ力を強化すればうまくいく
2 伝えたいのに伝わらないこの思い
3 若手職員のあの言動、許せる？ 許せない？
4 ストレス・パワハラ・モラハラ・クレーム

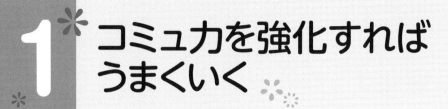
コミュ力を強化すれば うまくいく

Q1 新任の管理者です。
新たなスタッフとのコミュニケーションを深め、
距離を縮めるいい方法を教えてください。

A 　スタッフの名前や経歴を知ることは当然ですが、可能なら趣味や家族のことも事前に情報入手しておきましょう。スタッフ同士だけでなく、1対1の対話や定期的なミーティングも必要です。
　また、いつでも気兼ねなく悩みを相談できる体制やツールを用意しましょう。個人情報に配慮するればSNSやノート、メールでの会話でもいいと思います。誕生日など特別な記念日にも声がけを忘れずに。

Q2 新たに異動してきたスタッフと打ち解けたいが、
相手のことがほとんどわからないので、
どんな話をしたらいいか分かりません。

A 　心を開いてもらうためには、①明るく笑顔であいさつ、②日常業務の問いかけ、③プライベートな話の投げかけ(困りごとや悩み相談)、④お互いの将来の展望(理想や夢)、⑤人間性が伝わる小さなほめ言葉などを盛り込み、定期的に声がけし話をしましょう。

Q3 伝え方が下手なのか、
自分の思いが周りに伝わっていないようで悩んでいます。

A 　略語や専門用語、ビジネス用語や経営用語などを頻繁に使っていませんか? 自分は知っていてもスタッフには意味の分からない言

葉のため、内容が伝わらないことがあります。上司の立場で話す場合は、相手に合わせ、分かりやすい言葉を使う努力をしましょう。特に外来語は、なるべく日本語にして年配の人や社会人経験の浅いスタッフにもわかるように話しましょう。

例：マーケティング➡販売促進活動、モチベーション➡意欲、
　　カスタマー➡顧客、サティスファクション➡満足度

Q4 相談員が現場業務を理解しようとせず、介護職員とのコミュニケーションが取れていません。

　相談員と現場職員とは業務や立場が違うため、考え方に隔たりが生じてしまうこともあると思います。相談員は家族の苦労や思いを身近に感じており、またケアマネジャーとの関係で、重度の人や他で断られた人を引き受け、面倒な要望を現場職員に求めることもあります。一方で現場とすれば、「言うのは簡単、やるのはこっち」と反発することもあると思います。

　相談員の発言は、必ずしも本人の考えではなく、経営や現場のことも考え、葛藤しながらの発言や行動であるということも考慮してあげてください。

　相談員の業務は利用者獲得につなげ施設や事業所経営に直接関わるので、常に地域で選ばれ生き残っていくことを考えていかなければなりません。現場に厳しいことを言わなければならない葛藤や、現場との狭間で悩んでいるということも理解しましょう。

Q5 介護の仕事は接客が不向きなタイプだと難しいでしょうか。

　接客と介護は別物です。介護職はお喋り上手より聞き上手の人が向いています。でも最初から不向きと決めつけてしまうと、何もできません。大切なことは、人としての優しさと前向きな意欲です。苦手であっても、一歩踏み込む気持ちがあれば大丈夫。問われているのはどんな仕事でも「人間力」です。

Q6 人見知りなので、ほかの職員とうまく仲よくつき合えず悩んでいます。

A　施設や通所での介護はチームプレイなので、仲間意識のない職員は嫌われます。周囲から注意されたり指導されたりしても、自分の非を認めず改善をしようとしない人は、さらに嫌われます。これはどこの世界でも一緒ですが、自分さえ良ければいいと思っている人は長続きせず、仲間もできません。

　直接一緒に仕事はしないまでも、申送りや声がけなどで、常に職員同士でもコミュニケーションを取らなければ、利用者にいいサービスを提供できません。一人で淋しい思いをする前に、あいさつ、指導や助けがあったら「ありがとう」の言葉を忘れずに、不安なことを相談してみるなど、自分から行動を起こしてみてください。

Q7 訪問介護の限られた時間のなかで、やらなければいけないことに追われ、利用者とコミュニケーションを取る余裕がありません。

A　コミュニケーションとは、気持ちや思いを「分かち合う」ことです。
　介護職に求められているのは、安心できる介護サービスと利用者の気持ちに寄り添うことです。時間のないなかで利用者とのコミュニケーションを図る手段や方法はあるはずです。

- 表情：介護職の表情ひとつで利用者に安心感や優しさをもたらすことができます。常に口角を上げ、笑顔で接しましょう。
- 目線：利用者と話す時は目線を合わせることで「あなたを意識して（見て）います」というメッセージになります。真正面よりも斜め45度くらいの位置が自然なアイコンタクトを可能にします。
- 触れる：身体に触れる行為には「共感」「安心」「信頼」「いたわり」「温かみ」という意味をもたらします。急に触れると驚かせてしまうので、近づく時は無言ではなく、必ず声がけをしながらそっと丁寧に触れましょう。
- 言葉：はっきり大きな声で語尾を柔らかく発音しましょう。耳の

遠い人には聞こえやすいほうの耳元でゆっくりわかりやすく発音するよう心がけましょう。

以上を意識するだけでも、限られた時間内に業務と同時進行で、効率よくコミュニケーションを取ることは可能です。くれぐれも利用者に「忙しそう」だとか、「今話しかけたら悪い」などの印象をもたれないようにしましょう。

Q8 職場をコミュニケーションがとりやすい和やかな環境にするために、できることはないでしょうか。

1. 定例会議以外に、職員が何でも自由に発言できる"ワイワイガヤガヤ会議"を企画する。
2. 給与明細など定期的に職員に渡すものに「感謝の一言」を同封する。
3. 今月の優秀賞としてランチをご馳走するなど特典をつけ、ささやかな表彰をする。
4. 匿名で投票できる"なんでも意見箱"を設置し、職員からの意見や希望などの声を拾う。
5. 勤務時間外に飲み会や食事会など、外で話す場を設ける。退勤後が難しければ、ランチ会やおやつ会などを企画しましょう。

Q9 ほかの職員と最低限のコミュニケーションしか取らず、事務的で距離を感じる職員がいます。新人ではないので、もう少し職場になじんでほしいです。

業務はしっかりこなし、特に支障がないかもしれませんが、利用者にまで「冷たい」「事務的」な印象を与えると、相手を思いやる気持ちが伝わりにくいために損をしてしまいがちです。本人に悪気はないのでマイナス面を指摘するのではなく、印象を和らげる方法として、笑顔や声のトーン、話し方の工夫を提案してはどうでしょう。

「話しかける時に、"今、少しよろしいですか"と聞いてから話すといいですよ」「"よろしければ"と言葉をつけ加えると柔らかくなりますよ」と利用者の満足度を上げるサービスや表現方法を提案する

と、プライドを傷つけずに改善点を提案できると思います。

そして介護の仕事はチームワークが必要であること、一緒の職場の仲間とうまくつき合うのも「仕事」だと位置づける必要があります。人見知りで打ち解けられない人は、職場での適切な接し方が分からないのかもしれません。周囲からも積極的に声がけし、共有の時間を増やし、仲間であることを認識してもらえるよう働きかけましょう。

Q10 指示や説明を最後まで聞かず、途中で口をはさんだり、何か一言言ったりする職員がいてやりにくいです。

話の途中で大体の結論が見えてしまうので、それ以上聞くのは「時間のムダ」と感じてしまうのでしょう。このような場合、相手をイラつかせないために「結論から言う」という方法で指示を伝えるようにしてください。結論を言った後、理由や手順を話すことで、相手も話を落ち着いて聞くことができます。

必ず一言口をはさむ人は指示や説明に不明瞭な点があると聞かずにはいられないタイプで「ミスはしたくない」という不安や緊張から確認が多くなるようです。相手の慎重さを尊重し、指示や説明の際にはできるだけ丁寧に具体的に伝える努力をしましょう。

「私もそう思っていました」と必ず言う人は、言われなくても自分は分かっていたアピールがしたい人です。相手と同じレベルの知識や経験は自分にもあるという意識の表れなので、気にせず「そうですよね」「同じ意見でよかったです」と受け流すことが上手な対処法です。

2 伝えたいのに伝わらないこの思い

Q1 特に仲が悪いとか、トラブルがあったということはないのですが、なんとなく距離を感じ、うまくコミュニケーションが取れない同僚がいます。

A こちらから距離を縮める働きかけをしてみましょう。先入観を持たずに相談を持ちかけるという形でも、相手に対する評価や信頼感を与えることは可能です。

また一度きりでなく、「どう思う？」と何か疑問や不明点がある場合にその同僚を頼ってみましょう。自分を頼り信用してくれる相手に対しては、好意的な感情を自然と持つようになるはずです。

Q2 勉強熱心で知識も経験もある職員ですが、人の意見に耳をかさず、柔軟性がなく応用がききません。

A 自分の仕事に対する知識や経験に自信のある人なのでしょうが、他人の意見を聞く耳を持たず、自分が正しいと思い込んでしまっているのは問題です。

勉強熱心な人は理論武装して、できない理由づけをすることもあるため、「分かる」より「できる」ことのほうが価値はあると伝えてみましょう。

頑固な人の場合は、新しい技術や方法を取り入れることに自信がなく不安なのかもしれません。こういうタイプの人は、「リハビリの専門職の意見も聞いてみましょう」「ここではチームケアをしている皆で考えて決めていきましょう」など、「あなたのスキルアップのため」と可能性を探る声がけをしてみましょう。

Q3 気持ちが先走り、話や報告が分かりづらい職員がいます。どのようなことに気をつけてもらえばいいですか。

　話が分かりにくい理由として、主語がない、要点がつかめず話が長い、声が小さい、滑舌が悪い、話の進み方が早く切れ目がない、気持ちが先走り話についていけない、などが考えられます。

　話の組み立てが下手で長くなってしまう場合は、「結論を先に言う」ことを念頭にしてもらい、その後、その理由や説明をつけ加えるように指導しましょう。声の大きさや滑舌は、話すことに臆病になり苦手意識があるのかもしれません。特に介護の仕事では利用者のなかには聴力が弱くなっている方も多いので、耳元ではっきり大きな声で伝える配慮と努力が必要です。

　説明しなくても相手は自分と同じ情報は分かっていると勘違いしている人の話は、途中から話の主旨や筋道が分からなくなることがあります。その場合、「誰が言ったの？」「誰の物？」「それは、いつの話？」「その次にどうなったの？」「その時誰がそこに居たの？」など、その場で質問や合いの手を交えながら聞き、相手に伝わる話し方を身につけてもらいましょう。５Ｗ１Ｈできちんと分かりやすく相手に伝える能力は、介護記録を書く時にも求められる必要なスキルです。

Q4 管理者に相談したいことがあっても、いつも忙しそうにしていて、機嫌が悪そうで話しかけにくいです。

　忙しくしている管理者に何かを頼む際には「後で時間をいただけますか？」と時間的な余裕を持たせ相手の都合を優先する言い方を心がけてください。単に気配り下手な管理者の場合は、部下との接触を避けている訳ではないので、遠慮せず声がけし、素直に頼ってみてください。逆に必要以上に上司らしく振舞おうとする管理者の場合は、プライドをくすぐるように「〇〇管理者」「〇〇主任」などと肩書をつけて呼びましょう。部下から頼られる実感が湧き、気持

ちよく受け答えしてくれるはずです。

Q5 仕事の仕方やミスを指摘すると、言い訳ばかりして素直に聞き入れません。どうアドバイスすればいいでしょうか。

　介護職は仕事の指示を受けて動くことが多く、自分で考えて判断し行動することに慣れていない人が多い業界です。
「言われた通りにやった」「ほかの職員から引継いで聞いた通りにした」「電話対応で手が離せなかった」「〇〇さんがやってくれているかと思った」など、自分では言い訳をしているつもりはなく、状況説明しているつもりなので、いつまでも気づかず直りません。

　まずは失敗したら謝る。アドバイスを受けたら感謝の言葉を言うという最低限のことを習慣にするよう指導しましょう。

　そして言い訳の状況説明は、面倒と思わずにきちんと聞くことも上司の大事な役目です。その説明から本当の原因が見えてくると思います。ミスや失敗の言い訳は、ただの責任転嫁でしかありません。自分の行動や考え方を正当化するために、ほかの人や物、運のせいにしていては自分の弱さや欠けているところをいつまでも直視できません。日々の業務を通し、自分の行動に対する意識と考え方の改善が必要です。

Q6 自分の経験や資格、技術に自信があり「優秀さ」をアピールしてくる職員とのコミュニケーションに悩んでいます。

　難関の資格取得や積み重ねた技術は努力の成果であり、そのような人のなかには「尊敬されたい」「大事に扱われたい」という欲求が強く、プライドが高い人もいます。

　実力はきちんと認めた上で、現場ではチームケアの一員であることを伝え、「その経験はぜひ後輩の育成に生かしてください」「〇〇さんがいると心強いです」と相手をリスペクトしながら、責任ある仕事を任せてみましょう。忙しくしていることで自慢やアピールも減るはずです。

職員に注意をしたら、まるでこちらが悪いかのように逆ギレされました。言い方次第で変わると思うのですが、自分のどこが悪かったのかわかりません。

　人の感情を逆なでする理由は思いもかけないことが原因だったりします。特に言い方や指摘内容、タイミングによっては、注意した側が「説明の仕方が悪い」「分かりにくい」など立場が逆転し、責められる側になることもあり得ます。

　「言い方」にキレた場合は、命令口調で決めつけるような言い方、一方的に押しつけるような指示の仕方、責めるような注意の仕方ではなかったでしょうか？ 相手が年上やベテランの人の場合は、「今、お話できますか？」「少し気になったのですが」「私の勘違いかも知れませんが」「ちょっと確認したいことがあるのですが」などのクッション言葉を上手に使ってみてください。

　「内容」にキレた場合は、言われた側は自覚しており、バツが悪く防御のために攻撃的になっていることが多いです。決して攻めている訳ではないことを伝えて、「忙しくて大変な時だと思うけど」「責任ある仕事が続いて疲れていると思うけど」などと、認める部分は認めるという姿勢で話をしてみましょう。

　「タイミング」とは、やろうとしていた時に先に注意されたり、時間に追われている時に指摘され、ムッとする場合です。「頼んでいた件ですが、事前に確認できるのはいつごろか教えてもらえますか？」「細かい仕事で大変だけど、特に誤字脱字に注意して作成お願いしますね」「急がせてごめんなさいね。進捗どうですか？」など、指摘するのではなく「確認」するように注意するのが効果的です。

利用者に対する好き嫌いが激しく、態度や言葉に出る職員がいます。何度も注意していますが、すぐに元に戻ってしまいます。

　利用者に対し、相性が合わないことが言葉や態度に出る人は、自分から改めることはないと思います。「嫌いなのは自分だけじゃない」と思うことで自分を正当化し、日ごろの不満やストレスを吐き

出したかったのかもしれません。

しかし、個人的な感情を仕事に持ち込み、態度に出してしまうのは、介護のプロとして失格です。職員同士であっても、むやみに利用者の話をするのはプライバシーに関わるし、個人情報でもあるので注意が必要です。好き嫌いは誰でもありますが、仕事での接し方は公平にしないと、事業所や施設全体の悪い噂にもなりかねませんし、職員自身の格も下がってしまいます。なにが問題なのかを皆で話し合い、根本的な改善につながるような指導をしましょう。

Q9 叱責まではされませんが、何かあると過去のミス引き合いに出され、いつまでも成長しないように思われていて嫌になっています。

相手が嫌味や笑いのネタとして過去のミスを話題にするのであれば、ミスをした本人は言われる度に傷ついていることに気づいてもらう必要があります。あまり深刻にならずに「言われる度に辛くなるので、そろそろ勘弁してください」「自分ではすごく反省しているので、できればその話はもう言われたくないんです」と言ってみるのが一番効果的です。

同じミスをされたら困るから何度も引き合いに出す場合は、心配から注意を促しているつもりだと思うので、事実や指摘は謙虚に受け止め「あの時は申し訳ありませんでした。同じことを繰り返さないように注意します」「あれ以降、緊張感を持って作業するようになりました」などと、ミスを真摯に受け止めて成長していることを知ってもらいましょう。

Q10 都合が悪いことは部下のせいにして自分は責任から逃がれようとする上司がいます。

上司という立場を利用して保身を計るタイプですね。このような人に対しては、「この作業は〇〇管理者の承認をいただけたと言うことですね」「〇〇管理者が宜しいと判断されたのであればすぐ実行致します」と必ず念を押します。また、二人きりではなく、周囲

の人に共有してもらえるよう承認アピールをし、多数の味方を作って予防線を張っておきましょう。

　口先で誤魔化す傾向がある人は、弁が立ち、言い逃れや押しつけがうまいので、上司の指示の場合は、都度記録し指示された内容をはっきりさせておきましょう。何か不都合なことが発生した際には、「一昨日、1階の廊下で○○管理者から直接指示された○○の件ですが」と言った後、微妙な"間"をおいてみましょう。思いださせる時間を用意し、「忘れてはいませんよね」という"間"の空気に「ああ、あの件ね」と言わせることができたら成功です。

Q11 利用者に対し優しくしなければと分かっていても、認知症の人がしつこく言うと、つい口調がキツくなってしまう時があります。すぐに気づいて謝るのですが、ご本人に伝わっているのか心配です。

A　認知症ケアで生じるこうした感情は、介護職なら誰しも通る道であり、ぶつかる壁だと思います。あなたのように自己満足に浸ることなく、日々反省し悩む人には必ず成果がついてきます。

　認知症の人の発言は時に矛盾だらけのように見えますが、それが今の状態なので、その人の言うことすべてを真正面から受け止めていたら「それはさっきも聞きました」「昨日も聞きました」という感情を入れたコミュニケーションになります。でも、接する時の心のスイッチをうまく切り替え、毎回新たな気持ちで接するように努めれば、利用者も混乱せず安心します。もし気持ちがはじけそうになったら、一言周りに言って一旦その場を離れ、深呼吸をして気持ちの切替えをしましょう。

3 若手職員のあの言動、許せる？ 許せない？

Q1 誰にでも馴れ馴れしく、年上の職員にもタメ口を使う職員がいます。コミュニケーション能力は高いのですが、どう指導していいか悩みます。

A 　目上の人と接する機会が少なく、社会人になって日が浅い人、しくは敬語を使い慣れていない人には、職場では「丁寧語」が基本の話し方になることを知ってもらいましょう。
　自分のほうが上だと勘違いし、職場上の立場を無視してタメ口を使う場合は、その場で注意して関係を壊すのではなく、自分は丁寧な話し方で対応し上司や第三者に相談し注意をしてもらいましょう。
　仲がいい、年が近いなどの理由で、職場でニックネームや友達言葉、流行の言葉で話すのは社会人としては失格です。施設や事業所全体のイメージダウンにつながりかねないことを伝えてください。堅苦しく感じるかもしれませんが、職場とプライベートな場面のけじめは仕事をしている上で当然ですし大切なルールです。

Q2 気さくな関係を大事にしたいという考えからか、利用者に対する言葉遣いがタメ口、相性での呼び方がされていて、利用者に対し失礼ではと聞いていてハラハラしています。

A 　敬語や丁寧で他人行儀な言葉遣いではなく、方言や気さくな対応を喜ばれる利用者も多いと思います。まずは経営側の方針や考え方から、どのような言葉遣いで接するのが理念に合うのか確認することが大事です。ただし利用者＝お客様であり、人生の先輩で年上（目上）の方だという認識も忘れてはいけません。
　言葉遣いは人柄を現します。分かりやすい基準は、自分の親がさ

れて嫌だなと感じる対応は、自分たちも利用者にしてはいけません。たとえば利用者をあだ名や愛称で呼ぶという行為は、利用者本人が希望しても家族がその様子を見てどう感じるでしょうか。相手が了解してしても、立場をわきまえず立ち入り過ぎたり、馴れ馴れしくし過ぎて乱暴な言い回しになったりすることは、親近感とは違います。サービス業のプロとして、節度ある距離感を保つことは重要な接遇のスキルでもあります。

Q3 利用者が希望したからと"ちゃん"づけやあだ名、子供言葉で話しかけたり、「かわいい」「超面白い」などと言う職員がいます。このままで大丈夫でしょうか。

A 　利用者との親しい関係を強調しようとしているのかもしれませんが、節度は必要です。特に"ちゃん"づけやあだ名は、いくら利用者が希望しても、自分の親が若い職員からあだ名や"ちゃん"づけで呼ばれているのを聞いた家族はどう感じるでしょうか。

　利用者を実の祖父母のように愛情込めて「おじいちゃん」「おばあちゃん」と呼ぶ人もいるようですが、これは家族に対する呼び方であり、施設や事業所職員としては不適切です。苦情にならずとも不快に思っている利用者がいることに気づいてもらいましょう。利用者のリクエストがあったとしても、節度ある距離感をわきまえた礼儀正しい態度で接する意識を持つように指導し、施設や事業所での利用者の敬称を統一し、徹底することも大切です。

Q4 若者言葉を多用する職員がいて、話し方があいまいなニュアンスで分かりにくく、気になります。

A 　最近の言い回しをいくつか解説します。

　「自分的には〜」「私的には〜」は自分の意見や主張を遠回しに伝えようとする手法ですが、なじみのない高齢者や家族には、意見を押しつけられているような印象を与えます。「自分の意見を主張して押しつけてくる失礼な職員」と誤解されてしまう可能性を伝えてください。

「〜って、〜じゃないですか〜」と半疑問形で会話している時に相手に同意を求める話し方は、相手が相槌を打っただけで同意してくれたと思い込んでしまう恐れがあります。この場合、「私は〜だと思いますが、いかがでしょうか」と別の言い方に変えるといいと思います。

自分に自信がなく「〜そうな感じです」と自分の意見を曖昧にしてしまう言い方をする人は、意見はあるけれど言いにくいと思っていることが多いようです。その場合は「あなたはそう感じたのはどうしてかな？」と本人の意見を引き出すように聞くようにしましょう。

このような言い回しは癖になって無意識に言っていることが多いので、相手にこの言い方を頻繁にしている事実を教え、仕事ではその言い方は誤解される恐れがあるのでやめるように指導しましょう。

子供を扱うように利用者と接し、「うん」「そう」「〜だよ」など軽々しく受け答えしている様子からは、人生の大先輩を敬う気持ちは感じられません。「かわいい」という表現も、本当に愛らしく微笑ましいと感じているのだとしても、利用者のなかには「バカにされた」「からかわれた」と被害妄想になる方や、自分がさげすまされたように感じ、悲しく落ち込む方もいるのです。受け答えも「うん」 ➡ 「はい」、「そう」 ➡ 「そうです」、「〜だよ」 ➡ 「〜ですね」と言うべきです。話し方を変える方法は慣れしかありません。意識して繰り返して使うように訓練しましょう。

Q5 今の若いスタッフの感覚が理解できません。会社は創業以来のやり方で伸びてきたので、その方法論を伝えてもピンとこないようです。

考え方の価値観は受けてきた教育や世代により違いがあります。自分：会社：顧客の3つのうち、誰のために仕事をするかという調査では、社会に出た時期により異なる結果がでており、高度経済成長時代の人は3：5：2で会社のために仕事をする人が多く、バブル時代の人は5：3：2、成熟時代の人は3：2：5と変化しています。

若い人には、会社は売上を上げるために存在するのではなく、利用者（社会）のために存在する。利用者に喜んでもらうためにサービスを向上させ、売上を上げることが自分の幸せにもなり、大切なことだと伝えましょう。

 4 ストレス・パワハラ・モラハラ・クレーム

Q1 利用者から、セクハラ的な言動を受けていて、サービスに行くのが怖いです。

セクハラに対し、うまく交わしたり話を逸らしたりできるうちはいいのですが、強引になったり暴力的になった場合は、きちんと拒否の言葉を発してください。

それでもセクハラ言動がやまない場合は、担当の交代やサービスの中止もあり得ることを告げてください。

そして速やかにその事実をサービス提供責任者に報告、相談してください。サービス提供に行くことに恐怖を感じていることも伝えましょう。問題を分かっていながら我慢して表面化しなかったことが、後から責任問題になることもあり得るのです。

業務途中に緊急避難的対処としてサービス中止を余儀なくすることもあり得ます。とくに利用者だけではなく、その家族からの場合は要注意です。

この場合は、すぐにサービス提供責任者にその時の状況を日時、場所、相手、具体的なやり取りを時系列で書面に書き留めて報告してください。

利用者などが「ヘルパーも喜んでいると思った」「感謝の気持ちを現した」など、セクハラ言動の事実を認めない場合、サービス提供責任者はケアマネジャーや利用者家族にその事実を伝え、地域包括支援センターにも相談し、今後の対策を検討することになります。

そして引き続きサービス提供を継続する場合は、同性のヘルパーに交代するなどして再発防止に努めます。

ベテランのパート職員が新人いじめをしているようです。
管理職の私より年齢も職歴も上のため、
注意しても育てているつもりだと非を認めません。

いじめは「モラハラ」となることを、その職員は理解されていないようですね。モラルハラスメントは「精神的な嫌がらせ」と訳されることも多く、「いじめ」に近い概念といわれています。

具体的には言葉や態度、身振りなどによって人を不安に陥らせたり、巧妙に支配したり、人格や尊厳を傷つけるなどの精神的な暴力や虐待のことです。パワハラのように大声で叱責したり、殴ったりという威圧的な行為ではなく、加害者には積極的な悪意はないというのが何より怖いです。被害者はストレスに感じているのに、加害者のほうは「指導したつもりだった」ということも多いのが特徴です。

被害が表面化しにくいため「見えない暴力」と呼ばれることもありますが「陰湿さ」や「継続性」によって、被害者が受ける精神的なダメージは決して小さくありません。一方、パワハラは「同じ職場で働く者に対して、職務上の地位や人間関係などの職場内の優位性を背景に、業務の適正な範囲を超えて、精神的・身体的苦痛を与える、または職場環境を悪化させる行為」です。

● パワハラの一例

	分類	行動	具体例
1	身体的な攻撃	暴行・傷害	●頭を小突く ●胸ぐらをつかむ ●髪を引っ張る ●物を投げつける
2	精神的な攻撃	脅迫・名誉毀損・侮辱・ひどい暴言	●人前で大声で叱責する ●死ね、クビだと脅かす ●バカ、給料泥棒など、人格を否定するような言動で執拗に叱責する
3	人間関係からの切り離し	隔離・仲間外し・無視	●日常的にあいさつしない ●会話をしない ●部署全体の食事会や飲み会に誘わない
4	過大な要求	業務上明らかに不要なことや遂行不可能なことの強制、仕事の妨害	●明らかに達成不可能なノルマを課す ●一人では無理だとわかっている仕事を強要する ●終業間際に過大な仕事を毎回押しつける
5	過小な要求	業務上の合理性なく、能力や経験とかけ離れた程度の低い仕事を命じる・仕事を与えない	●毎日のように草むしりや倉庫整理をさせる ●コピーなどの単純作業しか与えない
6	個の侵害	私的なことに過度に立ち入る	●個人の宗教・信条などについて公表し批判する ●しつこく結婚を推奨する

また、パワハラやモラハラをする側がよく言い訳に使う「指導」とは「教え導く」という意味です。時に厳しく叱ったり、声を荒げることはあっても、そこには常に「よくなって欲しい」「成長して欲しい」という思いが根底にあるということです。
　職場における指導であれば、
・部下に対し、自らの欠点を自覚させ、併せて長所も気づかせる。
・事後的なフォローをすることにより、叱責前の状況よりも引き上げるための努力をする。
・叱責や指導の必要性を明確にし、部下に伝える。
　といった点が、ポイントになります。
　「パワハラ」と「指導」では、目的や業務上必要性、態度などに明確な違いがでます。
　注意が必要なのは、相手や状況によってパワハラと感じるかどうかは違うということなので、「客観的に見た時にどうなのか」を伝え、指導してください。

● パワハラと指導の違い

	パワハラ	指導
目的	●相手をバカにする、排除する ●自分の目的を達成	●成長を促す
業務上の必要性	●業務上の必要がない（個人生活、人格を否定する） ●業務上の必要があっても、不適切な量や内容	●仕事上必要性がある、または健全な職場環境を維持するために必要なこと
態度	●威圧的・攻撃的・否定的・批判的	●肯定的・受容的・見守る・自然体
タイミング	●過去のことを繰り返す ●相手の状況や立場を考えず	●タイムリーにその場で ●受け入れ準備ができているときに
誰の利益か	●組織や自分の利益優先（自分の気持ちや都合が中心）	●組織にも相手にも利益が得られる
自分の感想	●いらいら・怒り・嘲笑・冷徹・不安・嫌悪感	●好意・穏やか・きりっとした
結果	●部下が萎縮する ●職場がぎすぎすする ●退職者が多くなる	●部下が責任を持って発言、行動する ●職場に活気がある

Q3 職員を大声で叱咤したり、下品な言葉でからかったりする男性利用者がいます。「セクハラやパワハラでは？」と相談されますが、いつも男性職員を配置するわけにもいかず対応に苦慮しています。

A 　最近、介護業界では利用者からの「セクハラ」「パワハラ」も問題になり、アンケート調査の結果、ガイドラインが作られる方向ですが、利用者や入所者の場合、単に「セクハラ」「パワハラ」と捉えられるのは問題です。

　例えば「認知症などの疾患から発する言葉なのか」と考えれば、ケアマネジャーを通して医師に相談し、治療が優先されるべきだと思います。

　以前、私のコンサルタント先に、女性の利用者で杖を振り回す人がいましたが、アセスメントを確認すると「補聴器が合わず使用されていない」「白内障」という身体状況で、ケアマネジャーが家族に相談し、「補聴器の調整」「白内障の手術」をした結果、以前のように杖を振り回す行動がなくなりました。その人は「以前は周囲が見にくく、耳も聞こえず、暗闇のなかにいて、いつも誰かに襲われるような恐怖があって、杖で誰にも襲われないようにしていたが、今は暗闇から抜けられ良かった」と語っていました。

　介護は「日々の心身状況のアセスメント」と「報連相を基に適切な対応」が不可欠なので、安易に「セクハラ」「パワハラ」と捉えず、まずはその人をよく知ることから始めましょう。

Q4 上司から頻繁に飲みに誘われたり、プライベートのことをしつこく聞かれたりします。はっきり言って迷惑ですが、どうやって断れば角が立たないでしょうか。

A 　部下と親睦を深めたいとの純粋な気持ちからの誘いであれば、相手を傷つけない方法でさりげなく誘いをかわす方法を考えましょう。食事や飲み会の誘いが多いのであればジムや習い事、先約がある、資格取得の勉強など断る口実を作れば「行きたくないわけではない」と相手も良いほうに解釈してくれるはずです。

　逆に、自分が誘えば部下は必ずついてくる（従う）という古いタ

イプの上司は、立場と権力を誇示し安心したいのかもしれません。あまり強引に強制される場合にはパワハラにもなりかねませんから、「仕事の後は自分の好きなことをする時間を持つことが私の健康維持法なんです」「せっかくのお誘いなのですが、仕事が終わると疲れてしまって」などソフトに断ることをお勧めします。プライベートなことを詮索する上司にには「これ以上は秘密です」「ご想像にお任せします」「これ以上は勘弁してください」と笑顔でかわしましょう。

Q5 職員のメンタルヘルスの管理も重要だと考えています。仕事のストレスに対しどう対処するよう指導すべきでしょうか。

職員がストレスを抱えているような状況で、個人的なスキルの向上を唱えるのは職場の課題解決はもとより、組織としても効果的ではありません。

能力や志の高い人ほど責任感が強くプレッシャーを感じやすいため、日々の仕事がストレスとなります。周囲が注意深く観察し、その人の能力を超えた重い責任や業務量を与えていないかなどの配慮をすることが予防策となります。

Q6 職員が利用者家族から不正の疑惑をかけられた場合、管理者としてどのような対応をすればいいでしょうか。

このような問題は、対応（特に初期対応）を間違えると大きなトラブルに発展してしまいます。自分一人の判断での安易な受け答えや安請け合いをしたり、断言するのは避けましょう。

こちらに非がないいとわかっていても、職員をかばうあまり職員の非や嫌疑を認めずにいると、「通報」や「告発」という最悪の結果に導かれる可能性もあります。このような場合の初期対応は、「管理者である私が直接対応し、管理者の責任においてきちんと調査し、ご報告致します」と答えてください。

怒っている家族に納得していただくための適切な対応としては、

1. 一人の人が犯罪者と疑われ扱われるかもしれない事態であること、疑われた職員の人格や将来、家族にも影響する程の重大な告発であることを認識してもらう必要があります。状況を把握し、単なるクレームなのか、不正を訴えるだけの証拠（証言）はあるのかを早急に確認しなければなりません。
2. 調査は管理者もしくはそれ以上の役職で行い、本人から事情を聴く場合は、利用者名などは告げず、「こんなクレームがはいったけど、何か知っている？」と問い詰めずに、状況だけを確認するようにしてください。その後、ほかの職員へのヒアリングや、その職員が担当しているほかの利用者に同様のクレームやその可能性がないかを調べ、同様のことが発生していたら、経営者を中心に会議を開き、弁護士にも相談するなどし、処遇方針を決めてください。その決定事項を、調査による事実確認と経過報告を含め最終判断として職員に通知することになります。調査した結果、嫌疑の事実がつかめない場合は、どのような調査を行い、出てきた事実はどんな内容だったのか、その結果どのような判断に至っているのかクレームを言われた家族やケアマネジャーに報告する必要があります。
3. 不正の事実が明らかになった場合、利用者への賠償、従業員の処分内容や賠償請求なども伝えることになります。

このような最悪の事態の場合は法人の顧問弁護士に任せるのが得策で、賠償に関しても保険の対象となる補償もあります。行政への報告が必要な場合もあり、このような対処に関しては、職員の人権にも関わる問題なので早いうちに弁護士などの専門家に相談するようにしましょう。

介助時にコミュニケーションとスキンシップのつもりで利用者に触れたら嫌がられました。

必要以上の接触を嫌がる高齢者は少なくありません。私たちは無意識にほかの人に入って来られると不快に感じるエリア（領域）というものが存在します。

これは「パーソナルスペース」と言われるもので、だいたい両手を広げた位の距離にあたります。位置によっても感じ方は変わり、正面は緊張感のある「対立の関係」、左右は安心感を与える「情の関係」、後ろは怖がらせる「恐怖の関係」と言われます。

スキンシップが介護職として体温や脈拍などバイタル面も配慮しての意味のある行動だとしても、いきなり触るのではなく、近づく際に「そばに行ってもいいですか？」「身体を拭かせていただきたいので触りますね」などと一言声がけしてから行えば、利用者も安心するはずです。人との心地良い距離感はコミュニケーションの上でも大切です。介護というよりも人としてのマナーとして実践してみてください。

Q8 転倒などの事故やトラブルがあった場合、責任が曖昧な状況でもすぐに謝るべきなのでしょうか。

何か起こった際に、血相を変えて詰め寄ってきた本人や家族に対し、どのような言葉をかければいいのか迷うところだと思います。現場職員としては、「とりあえずは謝るべき」「下手に謝罪すると責任を認めたことになりかねない」「事故の状況を正しく確認し、保険会社等の判断も聞いて責任者が正式に謝罪すべきでは」などが頭に浮かぶはずです。

このような場合、謝罪＝全面的に法的責任を認めたということにはなりません。

後日、「あの時、謝罪をして責任を認めた」と家族から言われるかもしれませんが、ここで大切なのは、現場でとっさに口から出た謝罪は「法的責任を認めた謝罪」ではなく、「心情的かつ道義的責任（人としての正しい道を守るべき責任）からの謝罪」であることを家族に伝えることです。もし家族らに詰め寄られた場合は、「私は法的な責任は分かりかねますが、辛い思いをさせてしまったことは事実なので道義的責任としての謝罪を申し上げました」と説明してください。

第5章 コミュニケーション力と問題解決能力を伸ばそう

職員の年齢差が大きいので、パワハラやモラハラにならないようベテラン職員には話しています。しかし「そんなこともパワハラなのか…」となかなか受け入れてもらえません。

「自分がされたらどうなのか」も含め、「パワハラにならない指導方法」を学ぶことが必要です。

1. 叱る目的を考え直す

指導のなかでも、パワハラと受け取りかねないのが「叱る」という行為です。そこで今一度、叱る目的を考え直してみましょう。

どんな時に部下を叱りますか。適切に業務ができていなかったり、ミスを繰り返していたりなど、良くない行動をやめさせたり改善することが目的のはずです。

ここで部下の人格を否定して責めたり、長時間叱ったりしても、何も変わりません。叱るのは「部下を良い方向に変えるため」という目的を忘れなければ、パワハラをすることはないはずです。

2. 適切でない指導とは？

パワハラとは言えないまでも、部下の成長につながらない指導をしているようでは、上司失格です。特に以下のような傾向のある人は気をつけましょう。
・感情的なもの言いをする
・抽象的な指導をする
・部下への伝わり方に無頓着
・相手や状況を考えずに画一的な指導をする

3. 適切な指導とは？

上述したものと逆のことが、適切な指導になります。
・感情ではなく、指導であるとの目的意識をしっかりと持つ
・具体的な行動や内容に焦点を当てる
・部下への伝わり方を確認する
・相手や状況に応じて、ケース・バイ・ケースで指導をする

4. 指導をする際の注意点

　言い方がつい感情的になる人は、アンガーマネジメント（怒りのコントロール）を身につけるとともに、怒ってしまいそうになった時には、怒りがゼロにはならなくても、大幅に減らす方法はあります。10数えて深呼吸する、客観的に自分を見る（怒っている自分がどう見えるかを想像する）などを試してみてください。

5. 相手の理解力に合わせる

　部下の理解力、意識、職業上の知識や能力に合わせて指導を行うようにしましょう。意識の低い部下に対して自発的な行動を求めるのは難しく、知識がなければ話そのものが伝わりません。このような場合には、まずは仕事への意識を高めたり、噛み砕いてやさしく説明する必要があります。

6. 具体的な行動や内容に焦点を当てる

　遅刻を繰り返す部下に対し「バカ」と罵ったり、「遅刻だよ！」と言っても、どうしたら遅刻をしなくなるかはわからないものです。
・「遅刻をすることで、サービスを待っている利用者に迷惑がかかる」など遅刻をすることの問題点を伝える
・「売上がトップであることよりも、ルールを守れることが大事だ」といった評価のポイントを伝える
・さらに「遅刻が続くようであれば、処分を検討する」
　というように今後の処置まで説明し、はじめて部下は事の重大さを理解できるのです。

7. 指導した内容がどのように伝わったのかを確認する

　指導の目的は部下の行動を変えることなので、それが正しく伝わっているのかを必ず書面で確認します。できていないのであれば、「指導をした」というあなたの自己満足で終わります。
　正しく伝わったかを確認するには、書面を見ながら復唱させる、指導した作業をすぐに実施させる、一定期間後に確認をする、などが有効です。

第6章

人が集まり、やめない事業所にするには

1 人材確保や集客に悩む管理職のために
2 魅力ある事業所に変えていくには
3 外国人介護職員の受け入れについて

第6章 人が集まり、やめない事業所にするには

1 人材確保や集客に悩む管理職のために

Q1 人材が定着する伸びる社風作りは、どのようにすればいいでしょうか。

A 最初にやるべきことは、理念の徹底ではなく現場の実態を知ることです。二代目、三代目が多い社会福祉法人や医療法人の経営者は、マクロの経営はわかっていてもミクロの現場のことは分かっていません。トップは誰よりも現場を知っていなければならず、誰よりも働く必要があります。そうすることで志を同じくする同士（職員）に厳しく言え、聞く耳を持ってもらえます。

Q2 優秀な職員を揃えたいです。

A 城を支える石垣は大きな石だけでは造れません。大きな石と間の小さな石がいくつも詰まって頑丈な城を支える石垣となるのです。優秀な人材ばかりが価値が高いわけではなく、法人に対しての忠誠心があり、法人のために尽くしてくれる職員こそが財産です。地道な活動の成果で支えてくれる職員を大切にすることです。

Q3 自立支援のための目標の「成果を出す」とはどのようなことでしょうか。

A 自立支援のための目標を設定する時は、利用者本人の現状（困りごとや不安、願望など）を把握し、大きな目標とそれに向かうため

の小さな目標を沢山作っていきましょう。介護サービスによる「成果」を確認するためには、利用者に対して一定期間関わった前後の変化、関わる前からスタート時点のアセスメントを把握しておくことが必要です。たとえば、トイレや着替えはいつもどうしていたとか、入浴や食事はどのようにしていたか、などです。

　これらが介護サービス利用によって変化すれば、それが「結果」となります。その変化のなかで利用者や介護職が良かった・望ましいと感じた変化が「成果」です。利用者の可能性を支援し、変化を一緒に感じ、喜び、幸せを共有し、体感することが「達成感」であり「成果」となるはずです。

働きやすい職場づくりをするために、自分たちができることはなんでしょうか。

　職員一人ひとりが自発的に考え、行動できるようになれば、一方的な指示や命令がなくなり、各自が仕事に集中できます。自発的に考えるには「気づき」が必要です。

　「気づき」のない職場は成長も発展もありません。たとえば整理整頓されていない職場なら「どうせ働くなら、気持ちいい職場がいいよね。どう思う？」「前に比べて、最近は整理されてないよね。どうすればいいかな？」などと相手に問いかけて考えてもらう方法を行ってみましょう。

　職場を良くするための答えはその職場の人の数だけあるはずです。「問いかける」「考える」「気づく」のサイクルを回すことで、職場や仲間内での気づきは自然と起こるようになってくるはずです。毎日欠かさず何かしら問いかけることで各人の気づきを強化し、自発的に物事を考えて行動することが、働きやすい職場につながっていくので、互いに相手の行動に無関心にならない職場づくりに努めましょう。

Q5 離職率を上げないための労務管理のコツを教えてください。

　介護業界はほかの業界に比べ労務管理に対する関心と知識が低いと言われています。働く環境が整っていない状況は職員の意欲の低下を招き、不安や悩みを生じさせることになります。全ての条件を急に整備することは難しいかもしれませんが、管理者は最低限の労働関係法令の知識を習得し、法令遵守に努めるべきです。

　きちんとした人事評価制度があることは、職員の働き甲斐につながります。勤務体制を整備するに当たっては、働き方や仕事内容、キャリアについて相談する機会、スキルアップ＆キャリアアップの仕組み作り、介護経験やレベルに合った担当と役割などを人事評価制度に反映させるといいでしょう。

　一方、いくら立派で複雑な人事制度を導入しても機能していなければ全く意味がなく、むしろ職員の不満が募ります。人事制度を成功させるには、自分たちの事業規模や実情に合った、シンプルで分かりやすく継続可能な制度を構築しなければなりません。

Q6 ルールを決めても職員が実行できず、リーダーとしてうまく部下をマネジメントできません。

　現場では日々の業務に追われ、決めたはずのルールがいつしか守られなくなりがちです。

　ルールが守られない、浸透しない理由があるはずで、「守らない」のではなく「守れない」のは、その原因追究もリーダーとしての任務です。

　リーダー自らルールを守るだけでなく、現場の職員に「何がやりにくいのか」「どうすればやりやすいか」をヒアリングし、率先して改善する姿勢を示さなければ、職員はついてきません。逆にリーダーが本気で取り組む姿勢を見せれば、ルールに対する意識づけが職場に定着していくはずです。

きちんとしたマニュアルがあるのに手順を守らない職員がいて困っています。

　マニュアルの手順を守らない理由は、「知らなかった」「知っていたけどやらなかった」「忘れてしまった」「やりにくいのでやらなかった」などの理由があります。マニュアルは一度作れば半永久的に不変なものではありません。都度見直し、実際の現場業務に沿った手順に更新していくことが「事例に基づいたマニュアル」になるのです。手順を守れない職員が複数いるなら、マニュアルを見直すタイミングを教えてくれるシグナルなのかもしれません。

● マニュアルはここを見直せ！

1　分量は適正ですか？
分厚く重いマニュアルは持ち出して開くことも億劫になります。
何ページにも及ぶものは手順を細かく分解し、箇条書き、イラスト、図解などで説明します。

2　実際に活用できる内容ですか？
「〜すべきである」「〜しないほうがいい」「〜してはいけない」と命令口調や禁止事項を告げるような表現が多いとリスクヘッジにはなっても「ではどうするのが最善か」が見えてきません。「具体的にどうするのがいいのか」を分かりやすく伝えましょう。

3　一方的な押しつけになっていませんか？
マニュアル作成時に、現場スタッフの関わりはあったでしょうか。現場職員は自分たちの了解なく、現場のことをむやみに決められるのを嫌がり、それに対し反発する傾向があります。常に一緒に考え、意見を取り入れながら作成するのがベストです。

4　誰でも実行できる内容になっていますか？
マニュアルの大前提は「誰でもできる」ということです。作業効率が悪く、負担ばかり増えるような手順では、急を要することの多い現場ではマニュアル通りの手順は守りきれません。

5　古い内容のままではないですか？
現場業務のなかで手順やルールは日々改善され見直されているはずです。既により良いやり方に変更され、共有されていることがマニュアルに反映されていなければ、「マニュアルを確認しよう」とはだれも思わなくなります。

Q8 立場的には営業もしなければならないのですが、自分は介護職として利用者に関わる専門職なので苦痛です。

介護の専門職だから営業はしないという考えは間違いです。実際に利用者と関わり、現場を知る立場の人だからこそ自分たちの特徴や売りをアピールでき、具体的に説明できるのではないでしょうか。

自分たちの実績や日々の活動を知ってもらう努力（営業活動）は大切な業務の1つです。営業を「売り込み」と考えずに「ネットワークづくり」「地域の情報収集」と捉えると気が楽になります。

Q9 利用者からのクレームに対して、うまく対応できません。

クレームに対しては、まず相手の言い分や話を丁寧に聞き、クレーム内容を正しく理解することです。長時間に渡ってクレーム対応をすると、精神的にも疲弊してしまうので、できるだけ短い時間で相手が何に対して不満で、何を要求しているのかを迅速に把握し、対処する必要があります。

クレーム対応で一番大切なのは「共感」＝「お客様の立場を理解する」ことです。共感する相手に対し、怒り続けることはできないものです。

そこで、「お怒りになるのはごもっともです」「○○様のおっしゃる通りです」「早急に改善させていただきます」「ご指摘ありがとうございます」「貴重なご意見感謝いたします」「指導が至らずご迷惑をおかけいたしました」など、相手の立場を理解しながら誠心誠意対応し、一方で自分たちの会社の方針やルールも理解していただけるよう説明し、「このような解決（改善）方法でよろしいでしょうか？」と了解を得ることが重要です。

クレームの内容は職員間で記録を基に共有し、その記録は保管し、改善状況を定期的にチェックしていくことも忘れずに行いましょう。

Q10 顧客満足度が判断できず、自社のサービスや接遇の質がどのような評価なのか分かりません。

A 介護サービスは感覚的な判断が主なので、数値化や見える化で満足度が測りづらい仕事です。特に利用者と1対1でのサービスは、マニュアル通りの正しい接遇をしていても、利用者は不満足かもしれないのです。

自社のホスピタリティやサービスの利用者満足度を測る手段として「チェック表」や「アンケート」を実施して、質の標準化と見直しを図る事業所は多いです。

アンケートを実施する場合は、遠慮なく回答してもらうために匿名にし、多くの項目は5段階評価の満足度を○で囲んだりチェックするだけの簡単なものにし、最後に自由欄を設けて意見などを書いてもらいます。項目はたくさんあると面倒くさくなってしまうので、A4用紙の裏・表で収まる程度にしましょう。

Q11 自立支援に資するためにはどのような思い（信念）でサービスを提供すべきなのでしょうか。

A 毎日毎日をつつがなく、安全に楽しく過ごしていただく一般的な介護の考え方ではなく、5年先10年先を見据え、本来の心と体の元気を取り戻していただくことが、真の自立支援になるという信念でサービスを提供しなければなりません。

その基本理念は「全人権的復権」です。自分でできるという自信を持ち、心（気持ち）が再びいきいきと動き出すためにリハビリや生活支援を行います。心が動けばおのずと瞳に輝きが、顔には笑顔が戻り、指先や体に力と意欲が蘇ってきます。

利用者には、いつまでもありたい自分や住みたい場所で暮らしていけるよう、心が動き出す「きっかけ」を見つけてもらい、背中を押されることを期待しています。一人ひとりの心とニーズに寄り添ったサービス提供を心がけなければなりません。

1／人材確保や集客に悩む管理職のために

Q12 介護職は何故離職率が高いのですか？

　辞める原因の多くは賃金や地位の低さ、人間関係だと言われています。賃金に関して言えば、他業種と比較して大きく水をあけられているわけではないのですが、慢性的な人手不足の事業所も多く、労働の対価として考えると低賃金だと感じる人が多いのは事実です。

　また、介護が好きで頑張っている人にとっては、自分の生活や人生計画が成り立たなければどうしようもないという苦渋の決断なのだと思います。

　人間関係が原因で辞めていく人が多いのは、介護業界の特徴かもしれません。利用者に対しては笑顔や優しい対応を保てたとしても、気持ちに余裕がなく、体力的にも苦しい状態で働いているからか、職員同士の円滑な関係性が築けない現実があるようです。

　こうした状況は、経営者や管理者の考え方にも問題があります。最初のうちは志と信念で頑張るのですが、頑張っても変わらない環境や給与制度に失望し、燃え尽き症候群で力尽きる人がいるのも辛い現実です。

Q13 事業所へのクレームを受けることが多く、管理者として自信をなくしています。

　クレームを受けて落ち込むだけでなく、いただいたクレームを上回る成果を出す努力に切り替えましょう。まずクレームの内容をカテゴリー別に分類し、何に対するクレームがどのくらいあるのかを把握し、検証しましょう。クレームは改善へのチャンスでもあります。いただいたクレームはすべて「挑戦すべき課題」、「隠れたニーズ」だと捉え、ポジティブに向き合いましょう。なぜならクレームというのは理不尽な要求であるほど、画期的な仕組みやサービスを生み出す源になるからです。

Q14 職員を叱るとすぐに辞めてしまいそうで怖くて叱れません。

「怒る」と「叱る」は全く別のものです。「怒る」ことは負の感情を露わにし、相手にぶつけることになるので、結果相手を萎縮させることになります。一方、「叱る」ことは相手の行動や言動を正し、もっと成長してほしいという期待感を含めた前向きな是正です。

それでも人前で感情的に叱られては、どんな理にかなった内容でも素直に聞くことはできません。叱る際は場所や状況も配慮し、できれば1対1で改めるポイントを伝えることが大切です。

また叱る理由もしっかり伝えなければなりません。決して叱りっぱなしにせず、「少し厳しく言ったけど、あなたには改善できる能力があると思っている。期待していますよ」と、その後のフォローも忘れないよう努めましょう。

Q15 日々の業務に追われ、職員の状況や悩みや相談を聞く時間がなおざりになってしまっています。

面談というきちんとした形を取れなくても、マメな声がけで職員の状況や様子を観察することは可能です。

深い悩みや相談ごとを聞く場合は、以下の8点に配慮をして面談してください。①安心して話せる場所と環境の配慮。人の目が気になる場合は、喫茶店など外のほうがいいこともあります。②相手がどういう状態であるか正しく把握する、③面談時間は1時間以内を目安に、④共感性を持って聞く、⑤相手の話をさえぎらない、⑥評価しない、⑦同情しない、⑧結論を急がない。

会話のなかで「遠い」「きつい」などの形容詞が出た場合、どれくらい？ と質問するとレベルや状態を把握しやすくなります。

解決策がすぐに見いだせない場合も、「今日は話が聞けて良かった。気持ちがある程度落ち着くのを待ってみようよ」と次回の面談を1週間後くらいに設定し、再度気持ちの変化やを聞きましょう。

Q16 介護事業は「サービス業」になるのでしょうか。

　介護の仕事は「究極のサービス業」であると同時に「究極のホスピタリティ業」でもあります。

　「ホスピタリティ」とは一般的には"喜びの共有""おもてなし""思いやり"とも言われますが、サービス業として定義するには、そこに「効率性」や「正確性」が求められます。これらの要素に"喜びの共有"を重ね合わせて行動すると、介護の仕事はサービス業から更に進化したホスピタリティ業として捉えることができ、両者の違いは次のように考えることができるのではないでしょうか。

　サービス業＝言われたことをキチンと遂行し利用者に満足いただくもの。

　ホスピタリティ業＝サービス業の条件を満たしたうえで、利用者のQOL向上に向けた工夫、気づきを働かせ、「喜びの共有」と満足感を与えるもの。

　利用者が表面的に求めるニーズに応じるだけでは介護職としての専門性は見出せません。事務的な笑顔でマニュアル通りに作業するのでは、誰もが同じことしかしない（できない）奉仕作業と同じです。

　一方、良いケアとは利用者が気づかない潜在価値に目を向け、その価値を創造し、提案することです。そして何より、経験知や固定観念にとらわれず、柔軟に考え行動できる人材と組織になることが大切です。

Q17 同じミスを繰り返す職員に、どのように対応すればいいでしょうか。

　大切なのは、ミスを起こした人の責任を問うことではなく、同じミスを繰り返さない仕組み作りや対策です。その職員が同じミスを繰り返す原因や理由を皆で検証し、対策を講じ実施します。それでも再発を繰り返す場合は、本人の問題なのか体制の問題なのかを、

更に検証します。原因が職員のやる気や技術的な問題の場合、役割や担当を見直すという最終的な手段も視野に入れて対策を考えることを、事前に本人に伝えることも必要です。

**ミッションや行動指針が職員に浸透しません。
そのため目標やビジョンもなくモチベーションも上がりません。**

　ミッションや理念などは何度も繰り返し"分かりやすく"伝える努力が必要です。例えば「バケツに水を汲んできて」と命じられるより「飲み水として使いたいのでバケツに水を汲んできて」のほうが「飲食用の水の確保」というミッションが明確なので、「飲用できるようきれいなバケツを使おう」「ゴミが入らないようにフタをしよう」等、工夫するモチベーションが高まり効率もアップします。

　職員の気持ちを一つにまとめ、方向性（地域でどのような存在になりたいか等）のベクトルを揃え、楽しみながら浸透させる工夫が大切です。そのための最低条件として、職員のミッションや行動指針があるのです。

**職員のやる気が低く、ただ仕事をこなすだけになっており
積極性も活気もありません。**

　人は働き甲斐を見いだせないと仕事へのやる気は下がっていきます。知っていて何もせずに頭を悩ませているのではなく、職員のやる気を上げる働きかけを自ら起こしてください。まず、職員に「いつも見ているよ」と伝え、マメな声がけをしましょう。「君の誠実な対応が実を結んだね」「頑張っているね」「もう少しここを改善すればバッチリだよ」「よくやった」など、顔を合わせる都度に発せられる短い声がけが「誰かが見てくれている」という安心感とやりがいにつながります。その積み重ねが、最初にできる取り組みだと思います。

第6章　人が集まり、やめない事業所にするには

職員からもっとキャリアアップできる職場を求められています。

キャリアアップできる風土づくりは人がやめない職場の基本です。是非、職員全員にキャリアップの目標をヒアリングしてください。どんなスキルを身につけたいのか、そのためにはどんな勉強や取り組みが必要なのか、個人の能力も経験も全員が違う職場で、今からできることはどんなことかを話し合いましょう。そして、目標へ近づくためのハードルは何か、どんな準備が必要なのかを調べ、知ることで、知識や技術の平準化を図りましょう。

スタッフに介護はサービス業だという認識を持ってもらいたいです。

最近では介護・医療業界でも「ISO（国際標準化機構）9001」を取得しているケースが増えています。ISOはもともと製品製造過程における品質マネジメントが主でしたが、「サービス＝品質」と捉えてホテル業が取り入れ始めたのがきっかけのようです。

知識や経験を駆使してよりよいサービスを提供し、顧客に選んでもらい、報酬をいただく点においては、ホテル業も介護業も同じです。ホテル業は「サービス業の最高峰」と言われていますが、介護は高齢者の人生と生活、生命をサポートする「究極のサービス業」だと言えます。

2 魅力ある事業所に変えていくには

Q1 介護の仕事は3Kでかっこよくないと人気がありません。どうしたら人が集まるでしょうか。

A 　自分の職業を卑下することは、天に向かって唾を吐くようなもので、ますます自分をダメにしていきます。
　介護の仕事にどういう意義があるかを明文化し、皆の意識を変えることが大事です。仕事に面白味が出てくるかどうかは、自分たちが社会に必要とされている、意味のある仕事をしているという誇りと、皆との一体感が出てくるかどうかです。地道な仕事に誇りと価値を見出さない限り、何も変えることはできません。

Q2 今の職場には目標となる先輩や上司がおらず、人生の目標を見失った空虚感を感じます。

A 　人の生き方やキャリアを見て自分の人生を決めようとするのはナンセンスです。自分の人生やキャリアは自分でしか築けません。
　身近な職場で目標となる先輩を見つけ、目指す上司の背中を追うことで、自分の何年後かの姿を思い描くのかもしれませんが、その目標が叶えられず挫折した場合、自己否定に陥ることにもなりかねません。
　自分に合った目標は自分で見つけ、そこに至るまでの小さな目標を複数設定し、1つひとつ達成して、小さな成功体験を積み上げていくことを心がけてみてはどうでしょうか。それが充実した毎日への第一歩だと思います。

Q3 責任のある役割を与えられ、周囲からも頼られているのに給与も待遇も変わらず、正当な評価をされていません。

　職場全体のなかでのあなたの存在や立ち位置は、必ずしも自分で思っている通りとは限りません。「責任ある役割」「周囲からも頼られ」というのは自己評価でしかなく、あなたの職場での本当の評価とは違うかもしれません。

　なぜなら「認めてくれない」「何も変えてくれない」「〜してくれない」など、待遇面の不満を募らせているうちはまだ受け身であり、あなたが名実ともにゆるぎない人望と発言力があるなら、現状の待遇が見合わないこと、給与や人事などの全体の体制や昇給ルールを見直すことを提案するはずだからです。

　自分で自分の立場や待遇を勝ち取る意識を持ち、自分を変えていく行動をとることが大切なのではないでしょうか。

Q4 職員研修の企画担当になりました。マンネリ化せず興味をもってもらえるには、どんな内容がいいでしょうか。

　基本的な知識や技術の確認のための研修は大切です。内容を大きく変えることはできませんが、研修のタイトルやキャッチを斬新なものにすることが興味を引くポイントです。

　参考までに、以下は研修の企画案の一例です。

- 介護技術「腰を痛めず介助する方法」「女性でもラクに介助できる方法」
- 感染症対策「利用者宅での感染を防ぐには」「看護師に学ぶ これで完璧！ 感染対策」
- 介護保険制度「できないことがこんなにあるの？」「医療行為ってなに？」
- 接遇マナー「利用者は見ている！ あなたのマナーは大丈夫？」「家族との上手な関わり方」
- 認知症「こんなにある！ 認知症の症状」「ケアの力でQOL向上」

このほかに災害時の対応（緊急タンカの作り方・水のろ過法など）やクレームへの対応、超簡単時短メニューなどテーマは多彩です。

テキストは介護のものだけでなく、図書館でビジネス、医療書、料理本などにも目を通しましょう。信頼のおけるサイトならインターネットを参考にしてもいいでしょう。

また、理論中心ではなく具体的な対処法を考えていく研修のほうが実践的で現場で活用できます。

Q5 介護の仕事は地味で向いていないと思いながら他にやりたいことも見つからず、なんとなく働き続けていますが、正直やりがいは感じられません。

自分の希望通りの仕事に誰もが就けるとは限りません。選んだ仕事が向いていないと嘆いても、その仕事を選んだのはあなた自身です。何もしなければ何も変わりません。

仕事をする目的や選んだ理由はいろいろでも、何もしなければ何も変わらず、1年後も3年後もあなたはきっと仕事がつまらない、やりがいを感じられないと言っているはずです。貴重な時間を無駄にするよりは、どうせやるなら、やれるところまで極め高める努力をするほうが有意義であり、自分のステージを上げることができると思います。

Q6 介護職は高齢者が好きでないと務まらないでしょうか。

仕事は好き嫌いでするものではありません。介護業界以外であっても、苦手な上司やお客様がいるかもしれません。自分の扱う商品に不満があるかもしれません。しかし、その会社に入った以上、責任を持って関わらなければなりません。仕事とはそういうものです。

介護業務は、利用者とのコミュニケーションが一番のポイントとなるので、これまでの経験より日々の学びが必要となります。介護職として適正があるかどうかは、あなたの「本気のやる気」と「本気の学びの意欲」次第です。

第6章 人が集まり、やめない事業所にするには

急な遅刻・早退・体調不良による欠勤が多すぎる職員への指導は？

　急な勤務変更がどれだけ職場や利用者に迷惑をかけることになるか、わかっていると思います。体調不良の原因が遊び過ぎや飲み過ぎなどの不摂生によるものの場合には、自分の体調管理も仕事のうち、勤怠を守ることは社会人として最低限のルールなので、もっと自分に厳しくしてほしいと伝えましょう。

　休日の翌日に欠勤や遅刻が多い人は、休みの日の過ごし方や朝の出発時間の調整まで指導する必要があり、度重なる場合はペナルティを課して厳しく指導すべきです。放置しているときちんと勤怠を守っている職員のモチベーションを下げることになりかねません。

人材不足でスキルの高い人が少なく、なかなか人材が育ちません。

　人を育てるには、教育や研修システムより「管理システム」が大切です。人材育成のため、離職率防止のためと、勉強会や研修を頻繁に行い、職員のスキルアップを熱心に行うことが"従業員満足"につながると考える事業所も多いと思います。

　しかし、本当の"従業員満足"とは何でしょうか？　私は「安心して働ける職場で楽しく働くこと」なのではないかと考えます。

　なぜなら、日頃の不満や意見に対して、研修や勉強会で即解決できることは少ないからです。

　利用者から名指しでクレームを受けた時、事業所はどのように対応してくれるのか、体調が悪い時にフォロー体制はどうなっているのか、意見や疑問点を話し合う場があるのかなど、職員の不安を解消し、安心してサービスに就ける環境を整え、しかも職員に分かるように「見える化」することが管理システムの充実です。

　その後に充実した教育と研修を実施すれば、職員は定着し、スキルも伸び育っていくはずです。人材不足のなかでの人材育成という

問題から考えると、遠回りの取り組みに感じるかもしれませんが、根本的な問題から目を逸らさずに根治に着手すべきです。

Q9 転職回数も多く、「自分はずっと居るつもりはない」「もうすぐ辞めるから」と匂わす職員がいて、ほかの職員の士気が下がってしまいます。

A 短い期間で転職を繰り返す人の習性や考え方をすぐに変えるのは難しいです。仕事に対する執着や真剣みがなく、嫌になったら次に移ればいいという考えの人は、給与以上の仕事はしたくないはずなので、あれもこれもと業務を与え、成果を期待するのは逆効果です。

一方で、自分が認められないと感じて組織に反発している可能性はないでしょうか？　もしそうなら、「あなたを必要としいている」「仲間やチームの一人として考えている」と伝えましょう。その人に辞めずに頑張ってほしいのであれば「ここの職場は腰かけなのですか？」「一緒にもう少し頑張りましょうよ」「一緒にいろいろ教えてもらいたいです」とストレートに想いを伝え、その職員の意識改革を図る努力をしましょう。

Q10 毎日、同じことの繰り返しで変化のない介護の職場が面白くありません。

「働き甲斐」や「やり甲斐」を求め「人や社会に貢献したいから」という理由でこの仕事を選ぶ人が多いようですが、介護の職場で、大きな事故やトラブルも起きず、安定した環境なのはむしろ良いことではないでしょうか。

私たちは利用者の幸せな生活を支えるために、安全で安心して暮らせる環境を維持する職務と使命があります。生活することは同じことの繰り返しで、必ずしも大きな変化が必要ではないはずです。

もし変化を求めるのであれば、自分自身のスキルアップのための資格取得にチャレンジしたり、職場で責任ある役割を担うなど自分から働きかければ変化は生まれるはずです。激動の毎日を送る人から見れば今のあなたの悩みや環境はうらやましく見えるはずです。

第6章　人が集まり、やめない事業所にするには

Q11 何かあるとすぐに「辞める」と退職をほのめかす職員がいます。いつまで慰留すべきでしょうか。

　この職員の「辞めます」は本音なのでしょうか？　介護職は離職率が高いと言われている職業です。募集も多いので我慢せず次の職場に夢と希望を持ち転職していくのでしょうが、問題点や環境はどこも大きく変わりません。それなら辞めたい人を慰留する方法を考えるより、発想の転換をして「辞めたくない」と言わせる環境づくりを考えたほうが建設的だと思います。

　すぐできることは、あなたが職員の良いところを見つけてマメに労いの言葉をかけてあげることです。毎日同じ業務の繰り返しなのに、よくやってくれている、不満や陰口があったり利用者から苦情を受けても毎日頑張ってくれている。そのことを認めてほめてあげてください。

　「自分を認めてくれる人がいる」。これが、モチベーションにつながるのです。あなたが誰かのモチベーションになれるんです。辞めたい人は今慰留しても、1カ月後にまた慰留することになっていると思います。脅しでなければあなたの声がけで辞めたくないと気持ちに変化が現れるかもしれません。

Q12 介護の仕事は自分に合っていない気がして、転職を考えています。

　介護現場はプロとしての意識の高い人の職場のはずなのに、辞めていく人が多いのは、向いてない人が自分の適性を理解できず、介護という職を選ぶからではないでしょうか。

　介護はサービス業なので、人とコミュニケーションを取るのが苦手な人にはそもそも向いていない仕事ですし、夜勤がある職場も多く、身体が弱く体力に自信のない人にも向いていないかもしれません。

　高齢者が相手なので、介護技術や知識だけでなく、介護と医療、

両方の知識も要求されます。

気持ちの面でもやり甲斐とやる気が備わっていないと、継続するのは難しく、甘くない職業なのは確かです。

経験や実績が重要視される業界ですから、転職の都度、毎回、新人からスタートする悪循環になると、いつになっても介護の仕事の本当のやり甲斐や面白さが分からないかもしれません。時にはほかの業界で違う仕事を経験し、外から介護の仕事を再認識し、自分に合う仕事は本当は何かを確認することも介護の仕事を好きになるチャンスかもしれません。

Q13 介護職の役目が単なる「高齢者のお世話係」に思えて、仕事の意義が分かりません。

介護の現場では、よく「利用者のニーズに応える」と言われますが、それは単に利用者のしてほしいことに応えることではありません。"ニーズ"とはその人にとって何が必要なのか、生き活きとした生活をしてもらうためには何をすればいいかを考え、何かをしたいという気持ちを持ってもらい「できるかもしれない」という気持ちになってもらうことが「生活を支える」という意味なのです。

つまり「できないことをやってあげる」のではなく「何にお困りか」を見極め、できないところだけサポートすることなのです。

利用者が今できることもさせずに何でも手伝っていると、いつの間にか今までできたこともできなくなってしまいます。すると「自分では何もできない」「もう良くならない」「もっと悪くなるのかも」と落胆し意欲をなくし、結果、利用者の「生きる意欲」を奪ってしまうことになってしまいます。それでは介護本来の「いきいきとした生活に導き、支える」という目的から外れてしまいます。

お世話係と思ってしまうのは、この本来の目的が理解できず、言われたことや希望されたことをこなしているから感じる疑問なのだと思います。何でもやってあげるのが介護ではなく、やりたくなる気持ちをつくるのが介護職の本当の役目なのです。

第6章　人が集まり、やめない事業所にするには

Q14 介護職の退職理由はどのようなものが多いのでしょうか。

A 　介護職の退職理由として多いのは、賃金などの待遇や地位の低さ、職場環境（人間関係）や体力の限界などですが、それ以外にも、以下のようなものがあげられます。
1. 現場の意見も聞かず勝手に何でも決めて、無理なことでも仕事だからと命令される。
2. 人が辞めてシフトがキツくなっても労いの言葉もない。
3. 前向きな意見や新たな取り組みはいつも却下され、意見を出すのも意味がないと諦めた。
4. 責任と義務ばかり要求されて、何の権限も与えられない。
5. 差別や上司からのパワハラ、セクハラが暗黙の了解で放置されている。
6. 職員の個性を受け入れ、可能性を広げる意思が法人になく、発展性や将来性が感じられない。

　現場の状況を把握せず、声に耳を傾けないというものが大半です。これを反面教師として、職員の離職防止に努めましょう。

Q15 介護の仕事はきつくて汚いのに低賃金で人気がなく、何かやりがいがありません。

A 　あなたは、介護の仕事に対してのやりがいは何に見出したのでしょうか？　社会への貢献度も高くやりがいのある仕事だと選んだはずでは。東京ディズニーランドの清掃担当はカストーディアルと呼ばれ、今でこそ大人気の注目職種になっていますが、オープン当初は2Kと言われ、「掃除係なんて」と、退職者が続出したそうです。東京ディズニーランドでは社員の新人研修でカストーディアル研修を取り入れ、繰り返し仕事の重要性や自分たちは清掃だけだなく、ゲストの管理や保護という重要な役割を担っていることを伝えるそうです。「究極のサービス業」と言われる介護の仕事も、取り組み方

一つで、人に感動を与えたり、感謝や賞賛を受けたり、ほかでは得られないやりがいが必ず見出せるはずです。

Q16 利用者からの様々なクレームに責任を感じヘルパーが落ち込んでいます。

A クレームは人の感情や環境で受け止め方が十人十色です。同じことを言われても落ち込む人と落ち込まない人がいます。

責任を感じているほど傷ついているなら、クレームは誰でも受ける可能性があることを伝え、追い込んだり孤立させずに、「あなた一人の責任ではない」とヘルパーを励まし、支援する配慮が大切です。上長として、いつでも相談を受け入れられる温かい存在となることが大切です。

Q17 介護の仕事は体がきつくて体力が持ちません。

A 移乗介助等はボディメカニクスを理解すれば最小の労力で疲労が少なく、腰痛防止にもなる「体を守る」介助ができるようになります。介護のプロとして最小限の労力での介護技術を習得することも1つの対策です。夜勤などの不規則な勤務帯が問題であれば、体内時計の調整と自分に合った体調管理を徹底するのかプロです。

Q18 若い職員がユニフォームを着崩したり、靴の後ろを踏んだりして注意しても直りません。アクセサリーやマニキュアは当たり前、髪も金髪に近く、感覚の違いに戸惑います。

A ユニフォームは会社のブランディングツールの1つです。職員は、会社が定めたユニフォームを正しいスタイルで着用する義務があり、勝手に加工したり着崩すことは本来理想とするスタイルと違うので注意が必要です。

アクセサリーは介護という業務中に利用者と接触しケガをさせたり、外れて落としてトラブルにつながる危険があるので、結婚指輪

以外は業務中は着用禁止です。

マニュキアも衛生面を考えると避けたいですが、爪が薄い・割れやすいなどの理由があればベースコート、トップコートや色の薄いものは会社の規定内で判断してください。髪の色も同様です。

おしゃれを楽しみたい年齢の職員も多いと思いますが、通勤時やプライベートでの服装は自由で構いませんが、介護職というサービス業についているという自覚を持ち、利用者に不快な思いや危険を与えないことが原則です。

Q19 職員が資格試験の要件を満たしているのにキャリアパスを目指さないつもりなのか受験しようとしません。

介護は資格保持者のウェイトが高い業界です。資格要件を満たしたら絶対受験しなくてはならないというものではありませんが、ステップアップや資格手当（昇給）のために資格取得を目指す人は多いと思います。介護職の地位向上や待遇に不満があるならば、資格という看板を複数持ち、自分の価値を高めるのも視野を広げるための手段であると思います。

Q20 経験が浅く、仕事も遅くうまくできないので職場で浮いています。介護には向いていないかもしれませんがこの仕事が好きなので続けたいです。

食事介助やおむつ交換が早くうまいだけが良い介護職ではありません。一人で移乗介助をこなせる人でも手際よくナイトケアを済ませる人でもありません。

良い介護士とは利用者の声を聞き、思いを汲み取ろうとできる人。そのために高い技術と知識を得る努力をする人。利用者の幸せと人権を尊重する意識の高い人。そんな介護職を目指してください。そしてあなたはあなたらしく、利用者に寄り添ってあげてください。

スキルの向上については、自分の自信のないところを先輩たちに聞いてみるのもいいと思います。「何が分からないのか言ってくれ

ないと、私たちも分からないのよ」と言われるかもしれませんが、あなたのことを見てくれていて、評価してくれている人はきっといます。

Q21 介護の仕事は低賃金で地位も低く、将来性や夢や希望も持てません。

私たちには職業選択の自由があるし、他に仕事はいくらでもあるのに、どうして介護の仕事を選んだのでしょう。やりがいや夢は自分で見つけるものであり、高齢社会は支える介護職なしに成り立ちません。絶対に必要とされる職業です。

そして比較的安定し、需要も高い職業です。そうした恵まれている点も考慮に入れ、今一度、「自分はなぜ多くの職業から介護の仕事を選んだのか？」と自問自答してみてください。

つらいこともあったでしょうが、喜びや感動も、それ以上にあったはずです。そして今はほとんどの法人が、給与面やキャリアパスに配慮し、希望のもてる職種になっています。そう思えないなら、早めの転職を考えるのもよいでしょう。

3 外国人介護職員の受け入れについて

長年人材不足で悩んでおり、外国人の介護職員の受け入れを検討しています。EPAの現状と技能実習制度について教えてください。

　団塊世代が高齢化することで介護施設や介護職の需要は2025年をピークに増え続けます。しかし少子化により、介護職の担い手が今後さらに不足すると言われています。

　また、飲食業やほかの業種でも人材不足が言われているなかで、夜勤などもあり介護職自体が身体的にもハードな仕事であると認識され、介護職を選ぶ人も少なくなっています。人材不足による法人の倒産も増えており、「日本人だけでの求人では、人材が集まらない、施設を開所ができない」という事態に陥っています。

　こうした状況において、外国人技能実習制度の前段として始まった外国人労働者の受け入れがEPA（経済連携協定）による介護職の適用でした。

　EPAを締結しているベトナム、インドネシア、フィリピンからの介護職の受け入れは、2008年度から始まっています。そのなかで、日本の介護福祉士を目指す上記3国の外国人は、母国での厳しい基準に合格した人だけが日本での労働が許可されるものでした。

　EPAで来日した介護福祉士候補者は、国家試験に合格し、必要な要件を満たせば、在留資格「介護」として日本での永住権も取得することができ、労働者にとっては有利な制度となっていました。しかし日本人と同じ国家試験に期限つきで合格しなければならないハードルの高さや、入所者とのコミュニケーションが重要な介護職として働くための日本語能力の高さを求めることも問題となりま

した。

　日本語学校で日本語を学び、日本語の読み書きにも不自由しないレベルにまで達した人は、もっと給与の高いほかの仕事に就くため、身体的にハードなイメージの介護の仕事にはなかなか志願者が集まらなくなりました。

　また、介護の仕事を続けながら、日本語と介護福祉士の勉強もしなければなりませんし、介護福祉士に合格しなければ帰国しなければならず、途中で脱落してしまう人も多くいました。そのため、EPAによる外国人介護職員の受け入れは、その厳しすぎる基準ゆえ期待していたほど人数が増えず、人材不足の状況はあまり変わりませんでした。

　現場サイドでは外国人技能実習制度による外国人労働者の受け入れを熱望する声も上がるようになり、2017年11月の法改正で、外国人技能実習制度に介護職が追加されました。

　しかし、外国人技能実習制度での日本語能力基準はEPAより低く、介護施設でのコミュニケーション不足は入所者の人命にも関わることから、簡単に制度を適用し、受け入れを行っていいものなのかということが議論されていました。

　その結果、外国人技能実習制度のほかの業種よりも少し厳しく、EPAによる介護職の受け入れよりは緩いという、中間をとるような基準で、介護職への外国人技能実習制度の適用が行われることになりました。

　なによりも重要なのは、日本語によるコミュニケーション能力です。そのため、実習生は一定基準の日本語能力検定を受けて合格している必要があります。

　また、母国で介護に関する業種に就いた経験のある人のみが、介護職の技能実習生として日本で働くことができます。さらに母国の公的機関などの推薦がなければ、技能実習生としての受け入れることはできません。

　このように、技能実習制度のほかの業種と比較して、厳しい基準が設けられています。しかし最長5年の期限つき実習であり、資格取得まで4年のEPAと比較すると、条件は緩和されています。

第6章 人が集まり、やめない事業所にするには

Q2 外国人技能実習生の受け入れを検討しています。要件などはどうなっていますか。

　介護職が人材不足だからといって、どんな施設にも外国人技能実習生を受け入れられるかというと、そうではありません。受け入れを行う介護施設や監理団体には基準が設けられています。

　たとえば、外国人技能実習生は訪問介護の仕事に就くことはできませんし、設備だけでなく、条件が整う介護施設でなければ、実習生の受け入れは行えません。以下、その要件について解説します。

Ⅰ　技能実習責任者（必須）

1. 技能実習制度が円滑に且つ適正に実施出来るよう管理監督を担う。資格要件は、管理職以上で、技能実習計画認定申請時に最低1名選任。
2. 技能実習責任者は3年ごとに主務大臣が告示した養成講習機関で養成講習を受講する必要がある。
3. 現場または本社で選任（施設であれば、施設長。本社であれば人事部長等）。
4. 協同組合だけでなく、関係官庁との連携も必要であることから、本制度のみならず、労働関係法令全般に対する知識が必要となる。

Ⅱ　生活指導員（必須）

1. 生活指導員は、現場（施設等）において、実技を除く、技能実習生に係る全般（日常生活指導、賃金、労働時間その他）の管理を担う。技能実習計画認定申請時に1名選任。
2. 生活指導員は、技能実習責任者あるいは技能実習指導員と兼任ができない。

Ⅲ　技能実習指導員（必須）

1. 技能実習指導員の資格要件は、技能実習生が修得する技能等について、5年以上の経験を有する者と定められている。技能実

習計画認定申請時に最低 1 名選任が必要。コンプライアンス遵守の観点から、技能実習生に関する基本的な知識（技能実習制度や技能実習生特有の取扱い等）を有していることが望ましい。
2. 実習実施場所（施設等）を分けて技能実習を実施する場合は、実習実施場所ごとに技能実習指導員が必要となる（複数の現場に配属する場合は、現場毎の選任要）。
3. 介護職種の場合、技能実習指導員は少なくとも技能実習生5名につき1名の選任が必須となる。
4. 技能実習生が勤務している夜勤を含む全ての時間帯は、技能を指導できる職員が勤務している必要があることから、本来は、それぞれの時間帯で技能実習指導員を選任しておくことが必要となる（技能実習指導員の上限人数に制限なし）。
5. 技能実習指導員と技能実習責任者は兼任することができる。

　介護職は技能実習生を受け入れる介護施設も、また監理団体もほかの業種とは異なった厳しい基準で受け入れが行われます。そのため、派遣されてくる外国人労働者もレベルが高く、責任感も強い人がくる可能性が高いと言えます。

　厚生労働省が介護職の外国人技能実習生の派遣についてさまざまな基準を設けているのは、介護の仕事は一歩間違うと人命にかかわることが多いからです。

　「人材は欲しいけど、外国人労働者を受け入れると負担が増えてしまうから、今まで通り日本人だけで対応しよう」とあきらめてしまう介護施設事業者の声もよく耳にします。しかし新しいことに取り組むことでスタッフの目線を変え、やりがいを感じるスタッフの増加や、新たな日本人スタッフの獲得のメリットという効果も表れるでしょう。

　高い基準を設けて外国人労働者の活用を検討している介護の現場では、それだけ人材不足が深刻化していると言えますが、インバウンド景気や東京オリンピックなどで外国人の観光客が3000万人にも達しようとするなか、「日本人の介護は日本人にしかできない！」と考えるのは時代錯誤に感じます。外国人労働者から文化と語学を学ぶことも、教養ある福祉専門職育成のメリットとなります。10年

後にも安定した施設運営を行っていけるよう、外国人技能実習生の受け入れについては積極的に検討対象としてください。

技能実習生受け入れ後の留意点をあらかじめ把握しておきたいので、教えてください。

生活指導員等と連携し、監理団体からもサポートしてもらえますが、受け入れる以上は責任が生じるので、事前に整備体制をしっかり整えておく必要があります。

Ⅰ　実習、勤怠、賃金関係

1. 技能実習日誌はきちんと作成されているか。
   ※「技能実習日誌」（事業者が技能実習生について記録する日誌は技能実習指導員が記録し、上長が確認印を押します。記録内容は実質的業務のほか、週に2回（各1時間程度）は安全衛生講習を実施し、その内容も記録してください。
2. 労基法を遵守しているか。
3. 雇用条件どおりの賃金支給（および各種控除）を行っているか。
4. 36協定は遵守されているか。
5. 実習生間で、労働時間、賃金等に格差がないか（実習生から不満が出る恐れがあるため）。
6. 最低賃金を下回っていないか（最低賃金の改定時には要注意）。
7. 一般のパート従業員との賃金比較（同じ業務を行っていた場合、同一作業同一賃金の原則から、同じ賃金を支払う必要あり）。
8. 本来の介護の仕事ではなく関連・周辺作業に偏っていないか。
9. 申請と別の現場で実習していないか。
10. 就業規則等を守っているか。

Ⅱ　夜勤

1. 技能実習生に夜勤業務をさせる場合、利用者の安全の確保等のために必要な措置を講じているか。
2. 常時夜勤業務を行わせる場合は雇用条件書を締結しているか。

3. 常時夜勤業務を行わせる場合は技能実習計画書に記載し実習管理しているか。

Ⅲ　寮・社宅関係
1. 室内は整理整頓され、清潔に保たれているか。
2. 同じ建物内や同室の者との間にトラブルはないか。
3. 無断外泊ないし部外者を泊めることがないか。
4. ごみ捨てや生活はルール通りなされているか。

Ⅳ　外出関係
1. 外出の際は、必ず在留カードを携帯しているか。
2. 自転車を拾って（盗んで）乗っていないか。
3. 他人のものを勝手に使用していないか。
4. ゴミ捨て場等から物を拾ってきていないか。
5. ギャンブル（パチンコ等）を行っていないか。
6. 他でアルバイトをしていないか。

Ⅴ　生活全般
1. お金の無駄使いはないか。
2. 同僚からの借金はないか。
3. 日本語を継続的に勉強しているか。
4. 病気や怪我を我慢していないか。

Ⅵ　公平な扱い
1. 実習生同士で情報交換を行っている場合が多いため、実習生を受入れている事業者間で処遇が異なると、不平不満が出る可能性があり注意が必要。
2. 事業者方針として処遇に差が出る場合は、その理由等を実習生にきちんと説明し、納得を得ること。

Ⅶ　レクリエーション
相互理解や意欲向上のためには、業務外に以下のレクリエーショ

ンを社内で実施したり、地域交流としてイベントに参加することは効果的です。すでに受け入れている法人では以下のようなイベントが開催されています。

1. 日帰り旅行（東京ディズニーリゾート、富士山観光）。
2. カラオケ、ボーリング。
3. 食事会、食材差し入れ（春節の時期などに）。
4. 地域の季節イベント（お花見、夏祭り、ハイキング、クリスマス、お正月など）。

　他職種の技能実習生の間では、女性の技能実習生の妊娠が社会問題となりました。技能実習生は、労働者としてだけでなく、生活者として来日するので、結婚や妊娠ということも想定しないといけません。技能実習生手帳にも、技能実習制度運用要領のマニュアルにも、妊娠・出産・育児については何も書いてないという現実のなかで、素行を確認しないために妊娠し、帰国してしまう可能性もあります。

　おつき合いされている相手が責任を持てる立場の人なら問題ありませんが、そうではないケースもあるようなので、男女のお付きついについてもきちんと指導することが大切です。

技能実習生受け入れ後の留意点をあらかじめ把握しておきたいので、教えてください。

　外国人労働者の受け入れに際して最も大きな問題は、やはり言語の壁です。まずは業務上の指示がしっかりと理解でき、日本人職員との間で最低限のコミュニケーションに困らないレベルの日本語能力を身につけてもらうことが肝要です。

　そのためには日本語教室に通わせるといった教育支援が必要になりますが、自治体やNPOなどが主催する安価な教室を活用して負担を減らすことも重要です。言葉の面だけでなく、社内で日本人職員だけで集まらないようにするなど、コミュニケーションを促進する法人側・日本人職員側の姿勢も大切になります。

仕事の進め方や価値観の共有を図ることも重要です。日本と他国では、労働環境はもちろん、生活においても文化や価値観が異なるケースは多いです。例えば日本では「言わなくてもわかる」「空気を読む」「胸中を察する」といった風土がいまだに根強いですが、外国人労働者に"暗黙の了解"の文化は基本的に通じません。

　そこで、指示はしっかりと言葉で伝え、理解の確認を徹底することが求められます。また、日本では当たり前の「時間を守る」「業務改善のために努力する」「目上の人を敬う」といった姿勢も当初は通じにくいことがあるので、法人が目指す価値観を共有する努力が必要です。

　外国人介護職員の受け入れを視野にいれるためには、適正な労働条件を提示し、納得の上で働いてもらうことも重要なポイントです。業務の練度などにもよりますが、外国人労働者に「この会社で働き続けたい」と思ってもらうため、日本人職員と待遇を同一にすることでやる気やモチベーションを上げる努力も求められます。

　外国人介護職員が不平や不満を感じず、快適に働ける労働環境を整備することはもちろんですが、自国と異なる環境で暮らすことに配慮し、生活面を充実させるための取り組みも必要です。宿舎を会社が用意している場合は、外国人労働者が宿舎スタッフとの間で心地よい関係を築けるように配慮することを重視したいです。さらには地域に溶け込んでもらうため、地元のイベントに積極参加してもらうなどの取り組みも有効です。

　このように、外国人労働者を現実に受け入れる際には様々な問題が考えられます。経営レベルで考えなければならない問題もありますが、言語、コミュニケーション、生活環境といった部分については法人が率先して対応すべきです。

　外国人技能実習生の受け入れは今後ますます本格的になるので、法人としても、現在の介護職員にとっても、学びのチャンスと捉えてください。

著者プロフィール

伊藤亜記（いとう・あき）

株式会社ねこの手　代表取締役

介護福祉士・社会福祉主事・
レクリエーションインストラクター・
学習療法士1級・シナプソロジーインストラクター

短大卒業後、出版会社へ入社。
祖父母の介護と看取りの経験を機に、社会人入学にて福祉の勉強を始める。
98年、介護福祉士を取得し、老人保険施設で介護職を経験。ケアハウスで介護相談員兼施設長代行を務める。
その後、大手介護関連会社の支店長を経て、介護コンサルティング会社「ねこの手」を設立。
現在、介護相談、介護冊子制作、介護雑誌の監修や本の出筆、セミナー講師、旅行介助サービスや国内外の介護施設見学ツアーの企画、TVコメンテーター、介護事業所の運営・営業サポートなど、精力的に活躍中。医療・福祉法人の顧問や役員も多数務める。

著書に『いちばんわかりやすい最新介護保険』（成美堂出版）、『ケアマネジャー仕事の進め方Q&A』（ひかりのくに）、『実地指導監査対応〜適正運営・整備のポイント〜』（日総研出版）など多数。

ホームページ
https://www.nekonote335.com/

Q&Aで学ぶ
やめない介護職員の育て方と
スキルの伸ばし方

2019年4月5日発行 第1版第1刷

著 者 伊藤 亜記
発行者 長谷川 素美
発行所 株式会社メディカ出版
　　　　〒532-8588
　　　　大阪市淀川区宮原3-4-30
　　　　ニッセイ新大阪ビル16F
　　　　https://www.medica.co.jp/
編集担当 佐藤いくよ
装　　幀 大久保敏幸
レイアウト 大久保敏幸デザイン事務所
本文イラスト 福井典子
印刷・製本 株式会社シナノ パブリッシング プレス

© Aki ITO, 2019

本書の複製権・翻訳権・翻案権・上映権・譲渡権・公衆送信権
（送信可能化権を含む）は、（株）メディカ出版が保有します。

ISBN978-4-8404-6863-3　　Printed and bound in Japan

当社出版物に関する各種お問い合わせ先（受付時間：平日9：00〜17：00）
●編集内容については、編集局 06-6398-5048
●ご注文・不良品（乱丁・落丁）については、お客様センター 0120-276-591
●付属のCD-ROM、DVD、ダウンロードの動作不具合などについては、
　デジタル助っ人サービス 0120-276-592